Werner Lippmann

Das Homerecordingequipment
im Musikunterricht der Sekundarstufe I

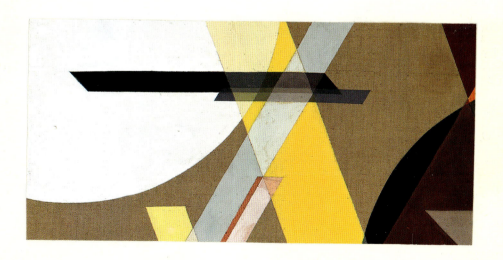

Werner Lippmann

Das Homerecordingequipment im Musikunterricht der Sekundarstufe I

Eine kritische Auseinandersetzung
mit den Möglichkeiten und Grenzen
der musikpädagogischen Nutzung

VWB – Verlag für Wissenschaft und Bildung

Die Deutsche Bibliothek – CIP-Einheitsaufnahme

Lippmann, Werner:
Das Home-recording-Equipment im Musikunterricht der Sekundarstufe I : eine kritische Auseinandersetzung mit den Möglichkeiten und Grenzen der musikpädagogischen Nutzung / Werner Lippmann. - Berlin : VWB, Verl. für Wiss. und Bildung, 1994
Zugl.: Berlin, Hochsch. der Künste, Diss., 1994
ISBN 3-86135-013-0

Verlag und Vertrieb:
VWB – Verlag für Wissenschaft und Bildung, Amand Aglaster
Markgrafenstr. 67 • 10969 Berlin • Postfach 11 03 68 • 10833 Berlin

Druck:
GAM-Media GmbH, Berlin

Copyright:
© VWB – Verlag für Wissenschaft und Bildung, 1994

Inhaltsverzeichnis

Vorwort 1

1. Die Bausteine des Homerecordingequipment 5
   - 1.1. Musical Instrument Digital Interface (MIDI) 5
   - 1.2. Der Computer als zentrales Steuerelement im MIDI-System 6
     - 1.2.1. Computersoftware 7
       - 1.2.1.1. Software-Sequenzer 7
       - 1.2.1.2. Editiorsoftware 9
       - 1.2.1.3. Notationsprogramme 10
   - 1.3. Hardware-Sequenzer 10
   - 1.4. Drumcomputer 11
   - 1.5. Keyboards 11
     - 1.5.1. Analoge- und digitale Technik 11
     - 1.5.2. Polyphonie, Speicherkapazität und Anschlagsdynamik ... 13
     - 1.5.3. MIDI-Multimode 14
     - 1.5.4. Workstations 14
     - 1.5.5. Masterkeyboards und Expander 15
     - 1.5.6. Preset-Synthesizer/Preset-Expander 15
   - 1.6. Die Klangsyntheseverfahren 16
     - 1.6.1. Die subtraktive Synthese 16
     - 1.6.2. Die additive Synthese 18
     - 1.6.3. Frequenzmodulation (FM-Synthese) 18
     - 1.6.4. Phase Distortion (PD Synthese) 20
     - 1.6.5. Andere Synthese-Verfahren 20
   - 1.7. Sampler 21
   - 1.8. Mischpulte 24
   - 1.9. Multitrack-Recorder 26
   - 1.10. Recording-Peripherie 28
     - 1.10.1. Mikrophone 28
     - 1.10.2. Verstärker und Boxen 29
     - 1.10.3. Effektgeräte und Werkzeuge zur Klangverbesserung ... 29
     - 1.10.4. Syncronizer 30
   - 1.11. MIDI-Peripherie 31
     - 1.11.1. Thru-Box 31
     - 1.11.2. Merger 31
     - 1.11.3. MIDI-Controller 32

2. Zur Kritik des Homerecording 33
  2.1. Zur Kritik des Homerecordingequipment 33
    2.1.1. Bedienungsanleitungen 33
    2.1.2. Handhabbarkeit 34
      2.1.2.1. Recordingequipment 34
      2.1.2.2. Klangerzeuger -
               Die Computerisierung der Instrumente 34
      2.1.2.3. Computerhard- und -software 36
    2.1.3. Kompatibilität und Flexibilität 37
    2.1.4. Die systemimmanente Zeit- und Kostenspirale 38
  2.2. Zur Kritik der Musizier-, Arbeits- und Übungsverfahren 51
    2.2.1. Das Kommunikationsproblem 51
    2.2.2. Der Musiker als Multiinstrumentalist 53
    2.2.3. Der Musiker als Produzent 55
    2.2.4. De-Rationalisierung durch Arbeitseinheit 55
    2.2.5. Die Perspektiven des Homerecording 57

3. Der Einsatz des Homerecordingequipments im MIDI-Verbund
   in der Schule 60
  3.1. Die denkbaren Einsatzmöglichkeiten 60
    3.1.1. Bereich Gehörbildung/Harmonielehre/Rhythmus 63
    3.1.2. Klassenmusizieren 65
    3.1.3. Bereich Werkanalyse 67
    3.1.4. Bereich Komposition/Arrangement 69
    3.1.5. Bereich Akustik 71
    3.1.6. Interdisziplinäre Anwendungsbereiche 74
  3.2. Die Voraussetzungen für den Einsatz des Homerecording-
       equipments in der Berliner Schule 76
    3.2.1. Der Rahmenplan 76
    3.2.2. Die Bildungs- und Informationsmöglichkeiten für den
           Berliner Lehrer 76
      3.2.2.1. Arbeitsgruppe Unterrichtssoftware (Arbus) 76
      3.2.2.2. Musikanwendung in der Datentechnik Initiative
               (MIDI) e.V. 77
      3.2.2.3. Musikschulen 78
      3.2.2.4. Musikgeschäfte 78
      3.2.2.5. Workshops 78
      3.2.2.6. Bücher 79
      3.2.2.7. Zeitschriften 80
    3.2.3. Die aktuelle Haushaltslage der Schulämter 81
    3.2.4. Primärstatistische Erhebung über die schulischen Voraus-
           setzungen am Beispiel des Schulbezirks Berlin-Neukölln .. 82

4.	Zur Kritik des Einsatzes von Homerecordingequipment im Unterricht	87
	4.1. Didaktische Aspekte der Rock- und Popmusik	87
	4.1.1. Das Homerecordingequipment im Rahmen der Didaktik der Rock- und Popmusik	92
	4.2. Die schulische Projektwoche "Hier kommt Kurt". Ein Modellversuch	94
	4.2.1. Ergebnisse	100
	4.2.2. Zusammenfassung	107
	4.3. Die grundsätzlichen Mängel des Homerecordingequipment	111
	4.3.1. Die Überforderung des Lehrers	111
	4.3.2. Zur Computerkritik	113
	4.3.2.1. Der Computerarbeitsplatz	119
	4.3.3. Software	121
	4.3.4. Keyboards	122
	4.3.5. Die Veralterung des Instrumentariums	123
	4.3.6. Die Motivation der Schüler	124
	4.3.7. Die möglichen Verbesserungen am Homerecordingequipment	126
	4.3.8. Das Homerecordingequipment als neues Unterrichtsmittel im Vergleich	128
5.	Die Perspektiven des Homerecording im Musikunterricht	132
6.	Anhang	138
	Glossar	138
	Literaturverzeichnis	148
	Nachschlagewerke und einführende Literatur	166
	Zeitschriften	168

HIER KOMMT KURT
Text	169
Arrangement	171
Track-Listing	174

Eidestattliche Erklärung

Zusammenfassung

Lebenslauf

Vorwort

Seit 1984 unterrichte ich - neben meiner Tätigkeit als Musiklehrer an einer Neuköllner Hauptschule - das Fach Rock- und Bluespiano an der Musikschule Berlin-Steglitz. Zu Beginn meiner Tätigkeit setzte sich die Schülerschaft damals hauptsächlich aus Schülern zusammen, die schon traditionellen Klavierunterricht genossen hatten und nun das Improvisieren erlernen wollten.

Mit der Entwicklung des Homerecordingequipment (preiswerter Synthesizer, Vierspurcassettenrecorder und Drumcomputer) änderte sich die Zusammensetzung meiner Schülerschaft. Viele der neuen Schüler hatten sich aus Spaß eines der billigen und gut klingenden Keyboards gekauft, hatten die Sounds ausgereizt und gemerkt, daß sie ohne musikalische Grundlagen in eine kreative Sackgasse geraten waren. Sie wollten daher Keyboard spielen lernen und zusätzliches "Handwerkszeug" erwerben, um ihre musikalischen Vorstellungen zu verwirklichen. Eine andere große Gruppe der Schüler entstammte der Berliner Rockszene. Dort hatte man schnell erkannt, daß mit dem neuen Equipment auch der Schlagzeuger oder Bassist seine eigenen musikalischen Ideen klanglich attraktiv formulieren konnte.[1] Viele dieser Schüler wollten dann auch "schnell mal" einige Grundbegriffe des Keyboardspiels und der Harmonielehre erlernen.

Es reifte daher die Idee, die musikpädagogischen Möglichkeiten, die in der Arbeit mit dem Homerecordingequipment liegen, für den schulischen Unterricht nutzbar zu machen.

Einige Entwicklungen waren damals, zu Beginn der achtziger Jahre, jedoch noch nicht voraussehbar. Zwar besaß der Gitarrist meiner Band einen C 64 Computer und den Super-Track Software-Sequenzer von C-LAB; die Musik aber, die er damit erzeugte, löste bei den übrigen Bandmitgliedern eher ein mitleidiges Lächeln aus. Die grobe Auflösung und die beschränkten Quantisierungsmöglichkeiten verwiesen das Equipment in die Ecke der Hardware-Sequenzer, wie sie für die Musik von Elektronikern (z.B. Tangerine Dream) eingesetzt wurden. Der unaufhaltsame Vormarsch des Computers als Mittelpunkt und Steuerungselement aller heutigen Musik-

---

[1] In diesem Zusammenhang ist erwähnenswert, daß ich in einer empirischen Untersuchung nachweisen konnte, daß die Musiker der Berliner Rockszene noch Anfang der 80ziger Jahre selten über Kenntnisse von Noten- und Harmonielehre verfügten. Siehe WERNER LIPPMANN, Wissenschaftliche Hausarbeit im Rahmen der ersten Staatsprüfung für das Amt des Lehrers mit zwei Fächern. Thema. Arbeitsverfahren und Übungstechniken von Rockbands der Berliner Szene und deren Auswertung für das Schulpraktische Musizieren.

produktionen und die Computerisierung des gesamten Equipments war nicht vorhersehbar.

Ein Ergebnis dieses Prozesses ist das Homerecording. Es ist heute sowohl bei Amateuren als auch bei Profi-Musikern ein wesentlicher Bestandteil des Musizierens im Bereich populärer Musik. Außerdem führte das Homerecording dazu, daß professionelles und semi-professionelles Produzieren nicht mehr scharf voneinander zu trennen sind.

Die rasante Entwicklung der Chiptechnik ergab für die vorliegende Arbeit die Frage: Welches Equipment soll überhaupt untersucht werden? Der heute gekaufte Synthesizer kann morgen bereits mit dem Erscheinen der neuesten Ausgabe des Fachblattes "KEYBOARDS" zu den 'alten Medien' gehören.

Trotzdem beschaffte ich mir nach und nach die Synthesizer mit den grundlegenden Synthesearten. Einige dieser Instrumente werden heute nicht mehr hergestellt, bilden aber die Grundlage für ihre Nachfolger, die, mit neuen Namen versehen, meist nur eine Verbesserung im Detail anbieten.

Die Arbeit mit dem Equipment, ob live (auf der Bühne oder im Klassenraum) oder im Studio, stand für mich im Mittelpunkt des Interesses. Ich führte dazu in meiner Hauptschule Projektwochen durch und arbeite bis heute in Arbeitsgemeinschaften (AG's) mit dem Equipment; außerdem produziere ich zur Zeit semi-professionelle Musikaufnahmen, die durch die Zusammenlegung mehrerer Homerecordingstudios mit ihren unterschiedlichen Hard- und Softwareausstattungen entstehen.

Die vorliegende Arbeit untersucht und beschreibt:
- die technische Beschaffenheit der einzelnen Komponenten des Equipments und ihre Einsatzmöglichkeiten;
- die Probleme, die sich für die Musiker aus der Handhabung des Equipments ergeben;
- die Voraussetzungen und Einsatzmöglichkeiten, die es für das Equipment im schulischen Musikunterricht gibt;
- die musikpädagogischen Chancen und Probleme, die aus dem Einsatz des Equipments im Unterricht folgen.

Dieses Vorgehen gründet auf der These, daß sich wesentliche Interessen der Musiker und der Musikpädagogen decken:

1. - Musiker benutzen das Equipment um ihre künstlerische Ziele umzusetzen;
   - Musikpädagogen nutzen das Equipment um ihre musikpädagogischen Ziele zu erreichen;
   - Beide brauchen dazu ein zuverlässig funktionierendes und handhabbares Equipment.
2. - Musiker und Musikpädagogen müssen eine Kosten-/Nutzenrechnung aufstellen:
   - Was kostet das Equipment?
   - Welche Ziele kann ich mit dem Equipment erreichen?

Diese gemeinsame Interessenslage erlaubt es, anhand der Untersuchung der Arbeit der Musiker mit dem Equipment Rückschlüsse für die Musikpädagogik zu ziehen.

Wegen der schnellen technischen Entwicklung kann sich eine wissenschaftliche Untersuchung dabei kaum auf wissenschaftliche Literatur stützen. Als Quellen dienen hauptsächlich populär- oder vorwissenschaftliche Publikationen, wie sie die Fachzeitschriften bieten. Auch Schütz weist bei seinen Forschungen zur Rockmusik auf dieses Problem hin:

"Wie inhaltlich problematisch diese Beiträge auch sein mögen - sind sie häufig bestimmt durch ein dahinterstehendes ökonomisches Verwertungsinteresse - so unverzichtbar sind sie dennoch zum gegenwärtigen Zeitpunkt als Quellenmaterial für eine Erforschung des gesamten Umfeldes."[2]

Aufgrund der technischen Komplexität des Homerecordingequipments ist die Benutzung von Jargon unvermeidlich. Deshalb beinhaltet die Arbeit im Anhang ein umfangreiches Glossar, das die häufig vorkommenden technischen Begriffe stichwortartig erklärt.

Zwei Begriffe seien zum Abschluß definiert: Im Laufe der Arbeit wurde in der musikpädagogischen Diskussion der Begriff der 'Neuen Technologien' populär. Er bezeichnet vor allem die Computerhard- und -software sowie die sie begleitenden Komponenten, ohne die die 'Neuen Technologien' keinen Wirkungskreis besitzen. Diese Komponenten aber sind die 'alten Technologien', so daß dieser Begriff unpräzise ist. Auch wenn ich im Folgenden nicht immer umhin komme, den Begriff 'Neue Technologien' zu verwenden, ziehe ich den Begriff des 'Homerecording-

---

[2] SCHÜTZ, VOLKER. Rockmusik eine Herausforderung für Schüler und Lehrer, Oldenburg 1982, S. 9.

equipment' vor, so wie er auch in den zwei führenden Fachzeitschriften "KEYBOARDS" und "KEYS" im Untertitel geführt wird. Er bezeichnet alle technischen Komponenten, die für die Produktion und Aufführung von Musik geeignet und auch in Wohnungen einsetzbar sind; denn sowohl ihr Platzbedarf als auch die von ihnen ausgehende Lautstärke ist begrenzt.

Schwieriger ist es, den Begriff des 'Musikers' zu definieren. Im Gegensatz zur ehemaligen DDR, in der es ein staatlich klar definiertes Berufsbild gab, das durch das Staatliche Komitee für Unterhaltungskunst katalogisiert wurde, ist die Definition in der Bundesrepublik nicht eindeutig.

Für die vorliegende Arbeit erscheint es nicht sinnvoll, einen Trennungsstrich zwischen dem musikalisch ausgebildeten Taxifahrer und dem professionell musizierenden Dilletanten zu ziehen. Im Folgenden sind alle Musiker gemeint, die mit großem zeitlichen und finanziellen Engagement Musik aus reiner Passion oder mit professioneller Zielstrebigkeit betreiben.

1. Die Bausteine des Homerecordingequipment

1.1. Musical Instrument Digital Interface (MIDI)

1982 trafen sich auf der NAMM-Show in Anaheim, USA, der weltweit größten Musikinstrumentenmesse, die führenden Synthesizerhersteller, um über die Entwicklung und Standardisierung einer digitalen Schnittstelle zu beraten. Es sollte das möglich gemacht werden, was im Bereich der Homecomputer schon lange möglich war, nämlich ein Datenaustausch verschiedener Geräte untereinander. Bis dahin konnte man nämlich nur Synthesizer der jeweiligen Herstellerfirma miteinander verkoppeln, da sie nur den eigenen Firmencode verstanden.

Bereits 1983 stellten die Firmen Sequential Circuits und Roland die ersten Keyboards vor, die mit einem neuen Interface ausgestattet waren: Musical Instrument Digital Interface, genannt MIDI. Diese Schnittstelle war die Voraussetzung für die folgende revolutionäre Entwicklung auf dem Gebiet der musikelektronischen Kommunikation und eröffnete völlig neue Produktionswege. Die heutige Vernetzung und Verdrahtung von Musikinstrumenten, Studioequipment und Effektgeräten sowie deren Steuerung und Kontrolle durch den Computer war möglich geworden: Alle Geräte sprechen die gleiche Sprache und benutzen die gleichen Kommunikationswege.[3]

Zwar hat es immer wieder berechtigte Kritik bezüglich der musikalischen Ausdrucksmöglichkeiten und der Geschwindheit bzw. der Genauigkeit des MIDI-Standards gegeben,[4] die Fachleute sind sich jedoch darüber einig, daß es möglich ist, das System weiter zu verbessern, und daß auf absehbare Zeit kein besser, genauer und schneller funktionierender Standard in Sicht ist.[5]

---

[3] vergl. hierzu. AICHER, RICHARD, Alle Menschen werden Brüder. Die kurze Geschichte der MIDI-Schnittstelle. Keys, Nr. 3, München 1989, S. 80 ff. ENDERS, BERND und KLEMME, WOLFGANG, Das MIDI- und Soundbuch zum Atari ST., München 1988. SAMOLAK, WIELAND, Am Anfang war die Schnittstelle. Keys, Nr. 3, München 1989, S. 60 ff. TURKEL, ERIC, MIDI Gadgets, London, New York, Sidney 1988.

[4] SAMOLAK kritisiert die dabei normierten Controllermöglichkeiten des MIDI-Standards, der die musikalischen Ausdrucksmöglichkeiten standardisiert und damit begrenzt. SAMOLAK, WIELAND, Die musikalischen Probleme mit MIDI, Keys, Nr. 3, München 1989, S. 86 ff.

[5] hierzu. HENLE, HUBERT, Gibt es ein Leben nach dem MIDI?, Keys, Nr. 3, München 1989, S. 130 ff. KAMINSKI, PETER, MIDI - und was dann? Keyboards, Nr. 4, Augsburg 1989, S. 32 f.

1.2. Der Computer als zentrales Steuerelement im MIDI-System

Mit der Einführung des MIDI-Standards war die Grundlage dafür, daß jeder Computer, ausgestattet mit einem externen Interface und entsprechender Software, in die Lage versetzt wurde, die Kommunikation zwischen Synthesizern zu regeln.[6]

Der Commodore 64 war der erste Computer mit serienmäßig hergestelltem MIDI-Interface und passender Sequenzersoftware, da er mit einem internen Sound-Chip ausgerüstet war und so für die musikinteressierten Programmierer interessant wurde.

In der USA entwickelte sich der Apple Mac II zusammen mit hardwareorientierten Musiksystemen zur am häufigsten verwendeten Musikmaschine.

Als 1985 die ST-Serie der Firma Atari vorgestellt wurde, begann in Europa der Siegeszug des Atari ST. Er besaß eine höhere Speicherkapazität, schnellere Rechengeschwindigkeit und Bildschirmauflösung als der Commodore 64 und, was für die Musikerwelt entscheidend war, ein bereits integriertes MIDI-Interface. Zudem war es sehr viel preiswerter als der Apple Mac II, für den es allerdings schon hochentwickelte Software gab. Mit der Entwicklung der Sequenzerprogramme Twenty Four und Creator konnten die Firmen Steinberg und C-LAB mit den amerikanischen Softwareherstellern gleichziehen, so daß der Atari ST heute einen etwas verspäteten Einzug in amerikanische Studios hält. Auch wenn heute der Atari ST der meistverbreitete Musikcomputer in Europa ist, gibt es für die anderen gebräuchlichen Computer (Amiga C 64, IBM etc.)[7] in ausreichender Zahl Sequenzerprogramme. Bereits heute zeichnet sich die Entwicklung ab, daß Software in erster Linie für den Atari ST geschrieben wird, und es ist nicht auszuschließen, daß er in Zukunft weiterhin seinen Platz als der Musikcomputer behaupten wird.

---

6 AICHER beschreibt den engen Zusammenhang von Softwareentwicklung und Computern. AICHER, RICHARD, Die Geschichte der Sequenzer, Keys, Nr. 1, München 1989, S. 44 ff.
7 Einen Überblick gibt AICHER in. AICHER, RICHARD, Computer für Musiker, Keyboards, Nr. 9, Augsburg 1987, S. 38 ff. AICHER, RICHARD, Kampf der Giganten. Systemvergleich Atari ST/IBM PC/ Apple Macintosh, Keys, Nr. 1, München 1989, S. 126 ff.

1.2.1. Computersoftware

1.2.1.1. Software-Sequenzer

Wie schon erwähnt, gibt es für jeden Computer Software-Sequenzer,[8] die heute in der Regel einen hohen Standard haben, d.h. mit großer Genauigkeit laufen, eine übersichtliche, gute graphische Benutzeroberfläche und viele Editiermöglichkeiten bieten. Das zugrundeliegende Prinzip[9] ist dabei ganz einfach. Der Musiker verbindet sein MIDI-Keyboard mit dem Computer und spielt eine Sequenz ein, die vom Sequenzerprogramm wie von einem Tonbandgerät aufgenommen wird. Da aber eine digitale Speicherung der musikalischen Parameter im Rechner vorgenommen wird, gibt es enorme Möglichkeiten, sie im Nachhinein zu manipulieren. Dies geschieht in den Editoren. Eine der typischsten Möglichkeiten zur nachträglichen Manipulation eines Parameters ist die Quantisierung, die heute in jedem Sequenzer vorgenommen werden kann. Quantisierung bedeutet, daß der Rechner die eingespielten Noten einer Sequenz beispielsweise nur auf Viertel-, Achtel- oder Sechzehntelschläge setzt. Diese Möglichkeit gibt dem ungeübten Keyboarder die Möglichkeit, eine rhythmisch unsauber eingespielte Sequenz im Nachhinein "geradezurücken". Auch das Tempo kann nachträglich verändert werden, ohne das das, wie bei einer analogen Tonbandmaschine, zu Tonhöhenveränderungen führt.

Ist die Nachbearbeitung vollzogen, steuert der Rechner das Keyboard als Soundgenerator an, das die eingespielte Sequenz mit den errechneten Parametern wiedergibt.

Die erwähnten Editiermöglichkeiten standen bei den ersten der seit 1983 entwickelten Programme für Software-Sequenzer im Vordergrund und erfreute sich bei den Musikern immer größerer Beliebtheit. Besonders wichtig war in diesem Zusammenhang, daß die Software-Sequenzer mit mehreren Spuren ausgerüstet waren, so daß man praktisch über eine digitale Mehrspuraufnahmemaschine mit in der Regel bis zu 64 Spuren verfügte (der Sequenzer Masterpiece V.2.0. der Firma Sonus verfügt über 788 Spuren!). Ein solches digitales Mehrspuraufnahmesystem kostete ca. 2.000 DM (im Vergleich: Eine analoge 4-Spur Bandmaschine der Firma Teac kostete um 4.000 DM).

---

8 ohne Autorenangabe. Marktübersicht Software-Sequenzer, Keys, Nr. 1, München 1989, S. 66 ff.
9 AIKIN, JIM, MIDI-Sequencing, Keyboards, Nr. 5, Augsburg 1989, S. 70 ff. und. SCHMITZ, REINHARD, Der MIDI-Sequenzer, Keyboards Nr. 5, Augsburg 1989, S. 76 ff.

Bezüglich der Editiermöglichkeiten setzte bei den Software-Sequenzern eine rasante Entwicklung ein, in der die Softwarehersteller sich mit dem Angebot immer neuer Editoren gegenseitig zu übertreffen versuchten, was heute dem Anwender scheinbar unendlich viele Manipulationsmöglichkeiten beschert.

Die Entwicklung hat sich inzwischen jedoch verlangsamt und findet nur noch in Details statt, z.B. in der Bedienungsfreundlichkeit, Übersichtlichkeit, Schnelligkeit, Genauigkeit und Kompatibilität zu anderen Programmen. Auch sind die Unterschiede zwischen den Programmen kleiner geworden.

Ursprünglich gab es zwei grundsdsätzlich verschiedene Denkweisen bei der Entwicklung der Software-Sequenzer, für die Creator von C-LAB und Twenty Four von Steinberg jeweils typische Vertreter sind.

Creator[10] gehört zu den Song/Pattern-orientierten Sequenzern, die eine komfortable Aufnahme und Bearbeitung einzelner Songteile (Pattern) wie Strophe, Refrain, Soloteil etc. gestattet. Diese Pattern können dann in einer beliebig angeordneten Kette verknüpft und abgespielt werden.

Twenty Four[11] gehört dagegen zu den 'Bandmaschinen-orientierten' Sequenzern. Er bietet die Möglichkeit wie bei einem Tonband ganze Stücke komplett aufzunehmen und sie später im Detail zu bearbeiten. Er bietet sich vor allem für Musiker an, die bereits ihr Stück im Kopf haben und es in einem Durchgang einspielen wollen. Dieser Sequenzer ist bei Musikern wegen seiner Übersichtlichkeit und Bedienungsfreundlichkeit sehr beliebt.

Mittlerweile wird jedoch daran gearbeitet, die Unterschiedlichkeiten der Sequenzer aufzuheben. Cubase,[12] Nachfolger des Twenty Four, bietet beiden Arbeitsweisen entsprechende Werkzeuge. Obendrein beinhaltet das Programm mit Groove Quantize, auch eine Entsprechung zu dem im Creator vorhandenen Groove Design (ein Song kann damit nachträglich mit neuen rhythmischen "Grooves", z.B. Swingrhythmus versehen werden). In Cubase wird zusätzlich das von Steinberg neuentwickelte Betriebssystem M-ROS verwendet, was u.a. das Multitasking (das gleichzeitige Verwenden mehrerer Programme) ermöglicht.

---

10 AICHER, RICHARD, C-LAB Creator, Keyboards, Nr. 5, Augsburg 1987, S. 83 ff.
11 ZILLIGEN, GERHARD, Steinberg Twenty Four Track Software (Teil 1/2), Keyboards Nr. 9/10, Augsburg 1986.
12 SCHMITZ, HANS-GÜNTER, Steinberg Cubase, (Teil 1/2) Keyboards Nr. 6/7, Augsburg 1989.

Wenig später erschien von C-LAB Soft Link, das auch den Creator zum Multitasking befähigte. Die individuelle Arbeitsweise des Musikers bleibt entscheidend für die Beurteilung eines Sequenzers.

Vielfach wird die Summe der Editiermöglichkeiten in den Vordergrund der Überlegungen geschoben, obwohl diese von den Musikern oftmals nicht ausgenutzt werden. Ein Steinberg Twelve (eine abgespeckte Version des Twenty Four) für 100 DM kann für einen Musiker, dem es nur darum geht, "schnell mal" eine Aufnahme zu machen, völlig ausreichen.[13]

1.2.1.2. Editiorsoftware

Für jeden gängigen Synthesizer gibt es Editorsoftware,[14] mit deren Hilfe die Programmierung der Instrumente vorgenommen werden kann. Diese Programme erleichtern die Arbeit durch die graphische Darstellung der Hüllkurven eines Klanges, die dann mit der Maus - also wiederum graphisch - verändert werden können. Das veränderte Klangergebnis kann dabei sofort überprüft werden, was die Editierung erleichtert. Das Durchtippen (siehe Glossar 'step by step') endloser Parameter entfällt weitgehend. Der editierte Klang kann zum Gerät zurückgeschickt und abgespeichert werden.

Eine besondere Rolle kommt den Editorenprogrammen bei den Samplern zu, da ein Computer mit seinem größeren Arbeitsspeicher eher die riesigen Datenmengen verarbeiten kann, als ein Sampler.[15]

Von anderer Art sind die Bankloader-, Librarians- und Dump-Programme, die man kurz als Verwaltungs- und Sortierprogramme beschreiben kann. Sie dienen der Erstellung elektronischer Soundarchive.[16]

---

[13] GORGES bietet eine ausführliche Orientierungshilfe anhand von Vergleichskriterien. GORGES, PETER/MERCK, ALEX, Keyboards MIDI Homerecording, S. 288 ff., München 1989.
[14] ohne Autorenangabe, Marktübersicht Editoren für Synthesizer, Keys Nr. 4, S. 132 ff., München 1989.
[15] hierzu. ohne Autorenangabe, Marktübersicht Samplereditoren, Keys Nr. 2, München 1989, S. 112 ff.
[16] eine detailliertere Beschreibung der Funktionsweise von Editorprogrammen ist zu finden in. GORGES, PETER/MERCK, ALEX, Keyboards MIDI Homerecording, München 1989, S. 231 ff.

1.2.1.3. Notationsprogramme

Es gibt eine große Zahl von Notendruckprogrammen, die allen Erfordernissen von Musikern gerecht werden:[17] Es handelt sich um Zusatzprogramme für eine Sequenzerprogramm, die es dem Musiker ermöglichen, das Gespielte ohne große Umstände auszudrucken (z.B. Notator von C-LAB), oder um äußerst komplexe Notendruckprogramme (z.B. Masterscore von Steinberg, The Copyist von Dr. T's oder Finale von Coda,[18] das allerdings nur auf dem Mac II läuft), die eine Vorlage bis zur Verlagsreife bearbeiten und auch mit Laserdruckern zusammenarbeiten können.

1.3. Hardware-Sequenzer

Bereits 1967 tauchte der erste Hardware-Sequenzer, entwickelt von Bob Moog, dem Entwickler des Moog-Synthesizers, auf dem Markt auf. Die erste Generation der damals noch analog gesteuerten Sequenzer war nicht nur kompliziert zu programmieren, sondern arbeitete dazu sehr unzuverlässig.[19]

1979 kamen die ersten digitalen Sequenzer auf den Markt, die mit vereinfachter Bedienung und größerem Speicherplatz den Musikern mehr Bedienungskomfort boten. Unbefriedigend war jedoch nach wie vor die Inkompatibilität mit den Systemen anderer Hersteller. Mit der Einführung des MIDI-Standards bekamen die Hardware-Sequenzer starke Konkurrenz durch die Software-Sequenzer. Die Computer besaßen mehr Arbeitskapazität, die Software bot bessere, graphisch dargestellte Editiermöglichkeiten als die Hardware-Sequenzer mit ihren kleinen Displays. Heute sind die Hardware-Sequenzer weitgehend aus den Tonstudios verdrängt und eher noch auf der Bühne zu finden.

---

[17] Über die Probleme der Notation siehe MERCK, ALEX, Notation und Notendruck, Keyboards, Nr. 7, Augsburg 1988, S. 94 ff. oder. GORGES, PETER/MERCK, ALEX, Keyboards MIDI Homerecording, München 1989, S. 109 ff.

[18] ZILLINGEN, GERHARD, Notendruck-Software im Vergleich, Keyboards Nr. 7, Augsburg 1988, S. 98 ff. zu Finale. AICHER, RICHARD, Finale, Keys Nr. 1, München 1989, S. 56 ff.

[19] AICHER, RICHARD, Geschichte der Sequenzer, Keys Nr. 1, München 1989, S. 44 ff. und. AIKIN, JIM, Mechanisch, analog, digital - Die Entwicklung des Sequenzers, Keyboards Nr. 5, Augsburg 1989, S. 72 ff.

Aicher[20] prophezeit dem Hardware-Sequenzer trotzdem eine große Zukunft:

> "... Hardware-Sequencer werden nicht aussterben. Im Gegenteil. Die Ära der Hardware-Sequencer steht uns im Bereich Musik erst bevor! Momentan sind sogenannte Laptops im Computerbereich ganz stark im Kommen. Das sind sehr leistungsfähige Computer in der Größe eines Hardware-Sequencers, nur mit dem Unterschied, daß sie über große Flüssigkristall-Displays verfügen ... und da lädt man die entsprechende Sequencersoftware ... - und was hat man dann nach dem Einschalten vor sich? - einen Sequencer."

1.4. Drumcomputer

Drumcomputer arbeiten in der Regel nach dem gleichen Pattern/Song-Eingabesystem wie Hardware-Sequenzer. Für den Musiker bieten sie vielfältige Rhythmen als Preset, die zumeist weit über das Repertoire eines durchschnittlichen Schlagzeugers hinausgehen. Fertige Rhythmuspattern können damit zu eigenen kompletten Grundtracks für ganze Songs verbunden werden. Sie bieten eine solide rhythmische Basis zum Üben, Komponieren, Arrangieren und Spielen.

Ihre Klangqualität hat sich im Laufe der Jahre immer mehr gesteigert, so daß viele der Drumcomputer bereits mit 16-Bit-Klangerzeugung arbeiten.[21] Viele Drumcomputer der ersten Generation setzten mit ihrem täuschend echten und eigenständigen Klang Maßstäbe, so daß sie auch heute noch in Samplerbibliotheken zu finden sind. Zunehmend werden Drumcomputer aber durch Sampler und Workstations mit gesampelten PCM-Sounds ersetzt. Den Drumcomputer scheint in naher Zukunft das gleiche Schicksal wie den Hardware-Sequenzer zu ereilen: Der Software-Sequenzer erlaubt im Verbund mit Klangerzeugern wie Samplern oder Expandern ein weitaus komfortableres Erstellen von Drum-Sequenzen.

1.5. Keyboards

1.5.1. Analoge- und digitale Technik

Es herrscht auch heute noch eine große Begriffsunsicherheit bezüglich der Analog- und Digitaltechnik bei Keyboards. Das erklärt sich aus der Vermischung von

---

20 AICHER, RICHARD, Die Geschichte der Sequencer, Keys Nr. 1, München 1989, S. 50.

Klangsynthese und Bedienung der Keyboards. Grundsätzlich ist festzuhalten, daß "... *Klangsynthese (sowohl) mit Hilfe von Analogtechnik (also mittels Kondensatoren und Widerständen) als auch mit Hilfe digitaler Technik realisiert werden kann*".[22] Am deutlichsten treten die Unterschiede bei der Bedienung der Instrumente auf.

Während die alten spannungsgesteuerten, analogen Synthesizer in ihrem Bedienungsfeld noch über Regler und Knöpfe für sämtliche Parameter verfügten und so in Echtzeit Zugriff auf die Klangsynthese erlaubten, ist bei den digitalen Synthesizern ein Feld mit Tipptasten getreten.

Digitale Signale bestehen aus einer Reihe von Zahlenwerten, die durch numerische Tastenfelder eingegeben und im Display angezeigt werden können. Ein mathematisch genaues und nachvollziehbares, weil berechenbares Arbeiten ist hier möglich, da man sich die Parameterwerte eines Klanges anzeigen lassen kann. Andererseits ist die Bedienung über Tastenfelder wesentlich zeitraubender. Ein Echtzeitzugriff ist nicht möglich, da die Zahlenkolonnen der einzelnen Parameter durchfahren, bzw. 'step by step' durchgetippt werden müssen. Erschwerend kommt hinzu, daß die meisten Tasten multifunktional besetzt sind, d.h. andere Parameter müssen ebenfalls durchtippt werden, bis man an das eigentliche, gewünschte Parameter, das man editieren möchte, gelangt. Dieses Bedienungsverfahren macht die Arbeit mit digitalen Synthesizern umständlich und unübersichtlich. Die Firma Roland bietet aus diesem Grund Hardwareprogrammer für ihre Modelle der D-Serie an, die mit den altbewährten Bedienungselementen, wie sie bei analogen Synthesizern üblich sind, ausgestattet wurden. Der Programmer erlaubt den Zugriff auf gleichzeitig 8 Parameter in Echtzeit, so daß der Musiker einen klanglich nuancierteren Spielverlauf gestalten kann.

---

21 BROSIUS, RALF, Drei Drumcomputer im Vergleich. TR-626, Alesis HR-16, Yamaha RX 7. Soundcheck Nr. 3, München 1988, S. 87 ff.
22 HOUPERT, JÖRG, Wie entstehen Klangfarben? Synthese-Verfahren und ihre Struktur, Keys Nr. 4, München 1989, S. 116.

1.5.2. Polyphonie, Speicherkapazität und Anschlagsdynamik

Bei der Beurteilung eines Keyboards sind für den Musiker neben der Art der Klangerzeugung eine Reihe anderer technischer Merkmale wichtig. Entscheidend für den Einsatz ist die Funktion, die das Keyboard im Equipment haben soll.[23]

Der legendäre Minimoog, der die Ära der bühnentauglichen und für Musiker finanziell erwchwinglichen Synthesizer einläutete, erschien 1970 auf dem Markt. Er war mit einer dreieinhalb Oktaven umfassender Tastatur ausgestattet, und konnte nur monophon gespielt werden. Erstellte Sounds zu speichern war mit ihm nicht möglich.[24]

Sehr bald aber konnten die Firmen Moog, Korg und Oberheim den Musikerwünschen nach Polyphonie nachkommen und entwickelten entsprechende Instrumente. Was ihnen jedoch nach wie vor fehlte, war ein Speicherplatz, in dem die einmal kreierten Klänge des Gerätes gespeichert werden konnten. 1978 kam mit dem Prophet-5[25] von Sequential Cicuits der von den Musikern ersehnte erste polyphone Synthesizer auf den Markt, dessen Sounds auf vierzig Speicherplätzen abgelegt werden konnte. Andere Firmen (Oberheim, ARP, Moog, Korg und Roland) zogen schnell nach und erweiterten die Speicherkapazitäten.

"Durch die Polyphonie wurde eine grundsätzliche pianistische Herangehensweise an den Synthesizer natürlich erst recht unterstützt".[26] Um auch den pianistisch orientierten Musikern gerecht zu werden, konnte nun auch bald die Anschlagsdynamik für Keyboards angeboten werden. Die mit Polyphonie und Speicherkapazität für Sounds ausgestatteten Keyboards begannen nun auch allmählich die bis dahin noch häufig verwendete Orgel vom Markt zu drängen. Die Synthesizer boten eine große Zahl unterschiedlicher Sounds, mit deren Vielfalt die obendrein oft unhandlichen und großen elektrischen Orgeln (z.B. Hammond B3) nicht mithalten konnten. Schließlich ließ sich auch der Orgelklang selbst imitieren.

---

[23] ohne Autorenangabe, Marktübersicht Synthesizer, Keys Nr. 4, München 1989, S. 92 ff.
[24] BECKER, MATTHIAS, Der Minimoog, Keyboards Nr. 9, München 1987, S. 52 ff.
[25] BECKER, MATTHIAS, Sequential Circuits Prophet-5, Keyboards Nr. 12, Augsburg 1988, S. 72 ff.
[26] SCHÄTZL, ANDREAS, Anmerkungen zur Geschichte der Synthesizer, Keys Nr. 4, München 1989, S. 58.

1.5.3. MIDI-Multimode

Der MIDI-Multimode ist eine mittlerweile bei Keyboards üblich gewordene Standardeinrichtung, die eine Erweiterung des Keyboards im MIDI-Verbund darstellt.

Multimode bedeutet dabei, daß ein Keyboard, das mit beispielsweise achtfachem Multimode ausgestattet ist, acht verschiedene Sounds gleichzeitig ausgeben kann, Diese Möglichkeit findet vor allem in der Zusammenarbeit mit Sequenzern Anwendung. Je nach Stimmenumfang, können so verschiedene Spuren mit verschiedenen Klängen belegt werden.

Beispiel: Achtstimmiger Synthesizer mit achtfachem Multimode

Sound:	Baß	Klavier	Streicher	Bläser
Stimmenzahl:	1	3	2	2

Bei dem gewählten Beispiel wird ein achtstimmiger Synthesizer dargestellt. Einen zusätzlichen Klang könnte er nicht mehr ausgeben, da seine Stimmenzahl erschöpft ist. Einige Synthesizer bieten daher zusätzlich eine variable Stimmenzuordnung an (z.B. K1 von Kawai).[27] Um beim o.g. Beispiel zu bleiben, können an einer bestimmten Stelle nicht benötigte Klavierstimmen den Streichern zugeordnet werden. Je nach Preislage verfügen die Keyboards über unterschiedlich viele Stimmen und unterschiedlich umfangreiche Multimode.

1.5.4. Workstations

Als Workstation werden alle Synthesizer und Sampler bezeichnet, die außer der Klangerzeugung auch über einen eigenen Hardware-Sequenzer und eine Effektsektion verfügen, so daß komplette Produktionen in einer Workstation vorgenommen werden können. Akustische Aufnahmen sind davon allerdings ausgeschlossen. Die zur Zeit populärsten Workstations sind die M1 Workstation[28] von Korg (Synthesizer) und die W-30 Workstation[29] von Roland (Sampler).

---

[27] WEYERS, UDO, Kawai K1, Fachblatt für Musik Nr. 7, München 1988, S. 140 ff.
[28] GORGES, PETER, Korg M1 Workstation, Soundcheck Nr. 8, München 1988, S. 28 ff.
[29] GORGES, PETER, Roland W-30 Workstation, Keyboards Nr. 7, Augsburg 1989, S. 120 ff.

1.5.5. Masterkeyboards und Expander

Durch Einführung des MIDI-Standards entstanden neue Geräte- und Instrumententypen. Ein Instrument, das ausschließlich der Steuerung von MIDI-Equipment dient, ist das Masterkeyboard. Je nach Preislage ist das Keyboard mit umfangreichen MIDI-Control- und Steuerungseinrichtungen versehen. Mit einem Masterkeyboard können z.B. mehrere Expander, oder auch normale Keyboards angesteuert werden.

Die Expander wurden hauptsächlich aus Platzgründen entwickelt, da es nun möglich war, beliebig viele Keyboards im MIDI-Verbund miteinander zu verbinden und zentral zu steuern. Die Tastatur ließ man einfach weg um die Keyboardburgen, wie sie in den siebziger Jahren auf den Bühnen zu sehen waren, zu vermeiden. Der Preis eines Expanders liegt meist einige hundert Mark unter dem des entsprechenden Keyboards. Meist besitzen sie auch neue technische Details, die bei den Keyboards noch nicht zu finden sind. Der TX 81Z[30] von Yamaha hat eine gegenüber dem DX 7 kaum eingeschränkte Klangerzeugung, verfügt aber dafür über achtfachen Multimode und wurde zuletzt für 590 DM verkauft. Ähnlich verhält es sich beim Micro Wave[31] von Waldorf. Er entspricht dem PPG Wave, ist technisch aber weiterentwickelt und kostet nur ein Fünftel.

Masterkeyboards sind meist eine recht teuere Angelegenheit (das Kurzweil Midibord kostet 5.900 DM).[32] Sie erzeugen meist keinen Klang und arbeiten nur im Verbund mit anderen Klangerzeugern und Computern. Dafür wird bei Masterkeyboards sehr viel Wert auf die Verarbeitung der Tastatur gelegt, um ein möglichst pianoähnliches Spielgefühl zu ermöglichen. Auch sind die Möglichkeiten im MIDI-Bereich hochentwickelt, weil ein Masterkeyboard in der Lage sein muß, mehrere multimodefähige Klangerzeuger mit ihren musikalischen Parametern zu steuern und zu kontrollieren.

1.5.6. Preset-Synthesizer/Preset-Expander

Um aufwendiges Programmieren zu vermeiden, bieten die Musikinstrumentenhersteller Presetgeräte an, die dem Musiker zusätzlich zu seinen Synthesizern oder

---

30 AICHER, RICHARD, Yamaha TX 81Z FM-Expander, Keyboards Nr. 5, Augsburg 1987, S. 94 ff.
31 GORGES, PETER, Waldorf Micro Wave, Keyboards Nr. 11, Augsburg 1989, S. 148 ff.
32 GORGES, PETER, Kurzweil MIDIboard, Keyboards Nr. 3, Augsburg 1989, S. 102 ff.

Samplern Sounds zur Verfügung stellen. Genannt seien der Matrix 1000[33] von Oberheim, der sich über eine Software editieren läßt und tausend verschiedene Sounds von außerordentlich hoher Qualität liefert sowie die EM-Serie von Yamaha,[34] die ebenfalls hervorragende, allerdings nicht mehr editierbare Klänge zur Verfügung stellt.

1.6. Die Klangsyntheseverfahren

1.6.1. Die subtraktive Synthese

Bei der subtraktiven Synthese werden Klänge geformt, indem Obertöne aus obertonreichen Wellenformen gefiltert (subtrahiert) werden. Synthesizer, die mit der subtraktiven Klangsynthese arbeiten, bestehen im einfachsten Falle aus den Bausteinen:

Wellenformen	Klangfarben	Tonabläufe	Lautstärken
VCO (DCO)	VCF (DCF)	ENV	VCA (DCA)

Der Oszillator (Voltage Controlled Oscillator/Digital Controlled Oszillator) ist ein Schwingungserzeuger, der verschiedene Wellenformen erzeugen kann. Die drei grundlegenden Wellenformen sind die Sinuswelle (Grundton ohne Obertöne), die einen weichen Klang besitzt (Flöte/Pfeife), die Sägezahnwelle (bis zu 127 gradzahlige harmonische Obertöne), mit hellem Klang (Geige/Trompete) und die Rechteckwelle (wenige harmonische Obertöne), die über einen einfachen Ton verfügt (Klarinette/Oboe).

Im Filter (Voltage Controlled Filter/Digital Controlled Filter) können aus dem vom Oszillator erzeugten Klang Obertöne herausgefiltert werden.

Im Hüllkurvengenerator (ENV=envelope) kann der zeitliche Lautstärken-, Tonhöhen- und Klangfarbenverlauf eines Klanges bestimmt werden (Attack, Decay, Sustain, Release).

Der Verstärker (Voltage Controlled Amplifier/Digital Controlled Amplifier) verstärkt den im Oszillator erzeugten Klang und ermöglicht unterschiedliche Lautstär-

---

[33] DELLMANN, GERALD, Oberheim Matrix 1000, Keyboards Nr. 10, Augsburg 1988, S. 100 f.
[34] MUSCULUS, HEINZ, Yamaha EM-Serie, Keyboards Nr. 12, Augsburg 1988, S. 129 ff.

keverhältnisse, sowie die Weitergabe an einen externen Verstärker oder ein Mischpult.

Der Modulationsgenerator (LFO=Low-Frequency-Oszillator) kann die Klänge durch Vibrato-, Tremolo- und andere Effekte modulieren.

Die subtraktiven Synthesizer sind bei den Musikern sehr beliebt, da ihr einfacher und übersichtlicher Aufbau einen schnellen und relativ unkomplizierten Einstieg in die Geheimnisse der Klangsynthese ermöglicht. Da die meisten subtraktiven Synthesizer analoge Synthesizer sind, sind sie vergleichsweise bedienungsfreundlich.

Bezüglich der Klangeigenschaften zeichnen sich die subtraktiven Synthesizer durch einen warmen, breiten und druckvollen Klang aus, der in seiner Klangdichte durch andere Klangsyntheseverfahren nur selten erreicht wird. Die subtraktive Synthese wurde vor allem von den Firmen Moog, Oberheim, ARP, Korg und Sequential Cicuits verwendet. Auch die Firma Roland setzte ursprünglich dieses Verfahren ein (Jupiter 8). Heute werden diese Synthesizer so nicht mehr gebaut. Auf dem Gebrauchtwarenmarkt steigen allerdings die Preise für die von den Musikern so sehr geschätzten Instrumente wieder, so daß zu vermuten ist, daß sich eines Tages wieder eine Firma finden wird, die dieses Syntheseverfahren bevorzugt.

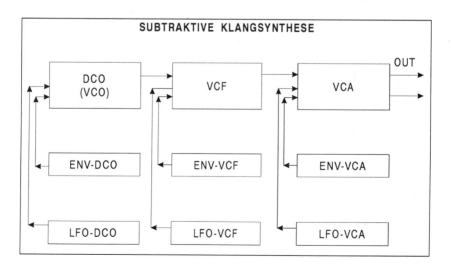

1.6.2. Die additive Synthese

Bei der additiven Synthese wird das Verfahren der subtraktiven Synthese umgekehrt. Sinusschwingungen mit unterschiedlicher Frequenz werden solange addiert, bis ein gewünschtes Obertonspektrum erreicht wird.

Da aber die bloße Addition von Wellenformen ohne definierte zeitliche Lautstärken- und Klangverläufe lediglich ein starres Klangspektrum darstellt, müssen alle Hüllkurven programmiert werden. Zwar lassen sich damit sehr komplexe Klangergebnisse erzeugen, aber sie sind nur mit großem Programmieraufwand zu erreichen. Bezeichnenderweise findet dieses Syntheseverfahren neben dem K3 und K5 von Kawai, auch bei Fairlight CMI und Synclavier NED, den wohl aufwendigsten Musikcomputersystemen Anwendung. Die Vorzüge der additiven Synthese kommen vor allem in perkussiven, technischen und metallisch anmutenden Klängen wegen ihrer unerreichten Brillianz zur Geltung.

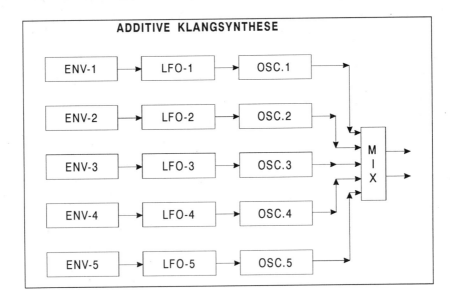

1.6.3. Frequenzmodulation (FM-Synthese)

Die Frequenzmodulation wurde das erste Mal mit dem DX 7 von Yamaha vorgestellt. Das Syntheseverfahren beruht auf der gegenseitigen Modulation unterschiedlicher Wellenformen (von obertonlos bis obertonreich). In einem FM-Synthesizer werden dazu die Klangerzeuger, Operatoren genannt, algorhythmisch miteinander verknüpft. Der Operator kann wahlweise als Trägeroperator (Tonerzeuger) oder als Modulator (Klangbeeinflusser) eingesetzt werden.

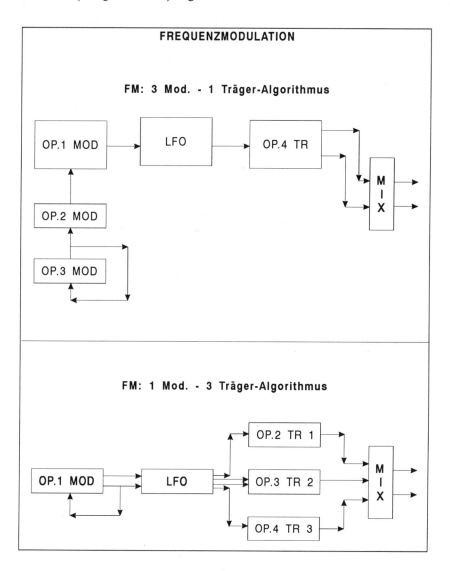

Durch die Verknüpfung von mehreren Operatoren, die sich gegenseitig beeinflussen, lassen sich immer komplexere Klänge erzeugen (der DX 7 verfügt z.B. über 6 Operatoren). Die Klangpotentiale der Synthesizer mit FM-Synthese lassen naturgetreue Nachahmungen akustischer Musikinstrumente, vor allem von Blasinstrumenten, zu.

Obwohl die FM-Synthesizer wegen ihres klaren und durchsichtigen Klanges und ihrer Klangvielfalt geschätzt werden, gehört der DX 7, der vermutlich meistverkaufte Synthesizer der Welt, zu denjenigen Geräten, deren Klangsynthesemöglichkeiten von den Musikern am wenigsten genutzt werden.

Der Grund liegt darin, daß die Klänge durch zeitintensives Experimentieren herausgefunden werden müssen und beim Programmieren das spätere Ergebnis schwer vorherzusehen ist. Die meisten Musiker verwenden daher fertige, von professionellen Anbietern programmierte Sounds, die mittlererweile zu zehntausenden angeboten werden.

1.6.4. Phase Distortion (PD Synthese)

Phase Distortion (PD) ist ein Verfahren, das die Firma CASIO verwendet. Das Verfahren ist der FM-Synthese ähnlich, da man von einer Sinuswelle ausgeht, sie dann aber durch Sinus-, Sägezahn und andere obertonreiche Spektren phasenverzerrt. Hier entstehen sehr komplexe Klänge, die denen der FM-Synthese ähnlich sind. Mit der PD-Synthese sind aber auch Flächensounds möglich, wie man sie von subtraktiven Synthesizern kennt, ihr Klang läßt jedoch die typische Wärme und Fülle vermissen.

1.6.5. Andere Synthese-Verfahren

Linear Arithmetic Synthesis (LA-Synthese) wird von der Firma Roland bei den Synthesizern der D-Serie eingesetzt. Zwei Prinzipien werden zu einer Synthese verknüpft. Man machte sich Erkenntnisse aus der Psychoakustik zunutze, wonach das menschliche Ohr bei der Identifizierung eines Klanges vor allem von der Einschwingphase eines Klanges beinflußt wird (Anblasen eines Blasinstrumentes, Anstreichen oder -schlagen einer Saite). Die im Synthesizer gesampelten Attackphasen in Verbindung mit subtraktiver Synthese können so dem Ohr den Klang von

Naturinstrumenten vortäuschen. Der warme und druckvolle Klang dieses Verfahrens ist bei vielen Musikern sehr beliebt.

Waveform-Synthese. Waveformsynthesizer gehen bei der Verwendung von Samples einen großen Schritt weiter. Beim K 1 Synthesizer der Firma Kawai stehen z.B. eine Vielzahl (PCM Waves) gesampelter Wellenformen zur Verfügung, von denen jede ihre eigene Frequenz und Hüllkurve besitzt. Es lassen sich also beispielsweise die Attackphase einer Trompete mit der Ausschwingphase eines Streichinstrumentes kombinieren. Je nach Ausstattung eines Wavesynthesizers kann man beliebig viele Wellenformen kombinieren, um so immer neue Klänge zu kreieren.

1.7. Sampler

Kaum eine Produktion im Rock- und Popbereich kommt heute ohne Sampler aus. Sie gehören heute zum festen Bestandteil der Studios, und sind auch auf den Bühnen zu finden. Denn Sampler sind heute für jedermann zu erschwinglichen Preisen erhältlich.[35] Im Gegensatz zum Synthesizer, mit dem man neue Klänge zusammensetzt, funktioniert der Sampler eher wie ein Tonbandgerät. Ein wegweisender Vorgänger, das Mellotron,[36] das ab 1964 in Serie hergestellt wurde, funktionierte tatsächlich so. Ganze Chöre und Streicherensembles wurden auf Endlostonbandschleifen aufgenommen und konnten über eine Tastatur abgerufen und gespielt werden. Der warme und volle Klang des Mellotrons gilt bis heute als unerreicht. Mit dem Mellotron wurde ein Traum der Musiker, nämlich der Zugriff auf Naturinstrumente und -klänge über eine Tastatur, wahr.

Die Arbeitsweise heutiger Sampler beruht allerdings ausschließlich auf digitaler Technik.[37] Je höher dabei die Auflösungsrate eines Samplers ist, um so genauer ist die Zerlegung von Schwingungen in Zahlenwerte. Da digitale Zahlenwerte vielfältig verändert werden können, besitzen die Sampler weit mehr Klangmanipulationsmöglichkeiten als das Mellotron. Der Sampler kann auch als Mittel für Klangneuschöpfungen verwendet werden. Weil die Samplingtheorie jedoch fundiertes physikali-

---

35 MARX, BERT, Marktübersicht Sampler, Keys Nr. 2, München 1989, S. 84 ff.
36 BECKER, MATTHIAS, Synthesizer von Gestern. Das Mellotron, Keyboards Nr. 11, Augsburg 1988, S. 26 ff. AICHER, RICHARD, Die Geschichte der Sampler, Keys Nr. 2, München 1989, S. 54 ff.
37 PLOCH, KLAUS, Sampling. Theorie und Praxis für Einsteiger und Profis, München 1988. HENLE, HUBERT, Die Grundlagen des Sampling, Keys Nr. 2, München 1989, S. 41 ff. DELLMANN, GERALD, Das Sample ABC, Keyboards Nr. 6, Augsburg 1987, S. 95 ff.

sches Grundlagenwissen erfordert und das Sampeln und Bearbeiten zeitintensiv ist, arbeiten die meisten Musiker mit gekauften, professionell erstellten Soundsamples. Diese Soundsamples werden mit professionellem Studioequipment aufgenommen und bearbeitet und verfügen über hohe Klangqualitäten. Musiker, die nicht über eine ausreichende Recordingperipherie verfügen und es sich finanziell nicht leisten können, teure Samples zu kaufen, behelfen sich meist mit Sample-CD's. Auf diesen CD's befinden sich gesampelte Klänge in verschiedenen Tonhöhen, die in den Sampler überspielt werden können. Ein großes Problem bildet dabei das sogenannte 'Loopen'. 'Loops' sind, wie beim Tonband, Endlosschleifen, wobei die Auffindung des Looppunktes, also des "Schnittpunktes" zum Zusammenfügen einer Schleife besonders bei modulationsstarken Klängen große Schwierigkeiten bereitet. Stimmen Loop-Ende und Loop-Start nicht überein, kann man beim Abspielen der Schleife ein Pumpen oder Knacken hören. Zwar bieten viele Sampler sinnvolle Arbeitshilfen wie z.B. 'Alternativ-Loop' und 'Crossfade-Looping';[38] dem Musiker bleibt trotzdem die Mühe nicht erspart, komplexe Klangverläufe zu programmieren.

Um das komplizierte Sampeln zu umgehen, werden in zunehmendem Maße sogenannte Sample-Player angeboten (z.B. E-MU Proteus und Roland U-20[39]), die nicht Sampeln, sondern nur fertige Samples abspielen können. Der E-MU Proteus kann z.B. auf die umfangreiche Sound Library des professionellen 16-Bit Samplers Emulator III[40] zurückgreifen, kostet aber nur einen Bruchteil des Emulators. Sein Preis liegt bei 2.000 DM gegenüber ca 20.000 DM beim Emulator.

Sampler und Sample-Player als reine Soundabspielmaschinen einzusetzen, entspricht damit genau der Einsatzweise des alten Mellotrons. Der heutige Trend in der Anwendung läuft also der ursprünglichen Intention, die in der Entwicklung der Sampler steckte, nämlich neue künstlerische Gestaltungs- und Ausdrucksweisen zu entdecken, entgegen.

Bei der hohen Qualität der Samples und der teilweise verblüffenden Originaltreue gesampelter Naturklänge wird allerdings oft vergessen, daß der Klang akustischer Musikinstrumente von ihren Abstrahlcharakteristika und den räumlichen Gegeben-

---

38 Beim "Alternativ-Loop" läuft die Schleife zwischen Anfang und Ende vorwärts und rückwärts hin und her, um Pegelsprünge zu vertuschen. "Crossfade-Looping" ermöglicht eine weiche Überblendung von Loop-Ende und Loop-Anfang.
39 GORGES, PETER, 7 ROM-Sample-Player im Vergleich, Keyboards Nr. 6, Augsburg 1990, S. 108 ff.
40 MERCK, ALEX, Emulator III, Keyboards Nr. 3, Augsburg 1988, S. 139 ff.

heiten abhängt. Samples stellen in akustischer Hinsicht lediglich Ausschnitte von Klangereignissen dar.

Auch die musikalische Ausdrucksvielfalt wird von Samplern keineswegs vollständig erfaßt. Der von einer Schallplatte oder CD gesampelte Ton der Gitarre von Jimi Hendrix bleibt lediglich ein Ton. Das Charakteristische aber, die unverwechselbare Spielweise kann nicht mitgesampelt werden.

"Ein Sampler ermöglicht die Herstellung, Veränderung und Wiedergabe von Schallaufzeichnungen. Daher kann er weder Bläser noch Baßtrommeln noch Türklingeln wiedergeben, sondern lediglich Momentaufnahmen einzelner durch diese Objekte verursachten Schallereignisse. Er ist mithin nicht in der Lage, den Charakter eines Objekts aufzuzeichnen, sondern kann nur das Dokument einer akustischen Situation wiedergeben. So ist es zwar möglich, einen bestimmten, einmal gespielten Saxophon-Ton aufzuzeichnen, nicht jedoch den allgemeinen, facettenreichen Klangcharakter des Saxophons mit seinen Unmengen von Spieltechniken."[41]

Ein weiteres typisches Merkmal des Samplers ist die Phasenstarre der Wiedergabe.

"Haben sie beispielsweise das Geräusch eines auf der Tischkannte aufschlagenden Lineals mit seinem typischen vibrierenden Ausklingen aufgezeichnet, so wird jede Wiedergabe des Samples zwangsläufig denselben Verlauf nehmen, während jedes neue Aufschlagen eine deutlich eigene Entwicklung besitzt. Dieses Phänomen bietet auf der einen Seite Vorteile: Würden sie im Zuge ihrer Komposition das angesprochene Lineal jedesmal erneut aufschlagen, so wäre ihre Trefferquote bezüglich wirklich befriedigender perkussiver Effekte wahrscheinlich nicht sehr hoch. Mittels des Samplings können sie demgegenüber sicherstellen, daß jeder neue Aufschlag den Hörer mit unverminderter Wucht trifft".[42]

Die Vorteile des Samplers liegen vor allem darin, Schallereignisse zerschneiden, zerlegen und in einen anderen Zusammenhang setzen zu können. Das Abreißen eines Klebebandes kann zur rhythmischen Grundlage einer Komposition gemacht werden.

"So können Sie im Zusammenhang einer politisch agitierenden Komposition die gebetsmühlenhafte Inhaltslosigkeit von Politiker-Aussagen sinnlich demonstrieren, indem Sie einen Satz eines Politikers mit einer Rückwärts-Vorwärts-Schleife wiedergeben. Das akustische Ergebnis besteht darin, daß ihr Opfer in rhythmischer Folge sinnentleertes Gebrabbel von sich gibt, aus dem lediglich

---

[41] SAMULAK, WIELAND, Die Zitatmaschine oder Der neue Zugang zum Geräusch. Über die Ästhetik des Samplings. Keys Nr. 2, München 1989, S. 98 ff.

wenige ständig wiederkehrende Worte überhaupt verständlich sind, wobei der Sprecher jedoch zu jedem Zeitpunkt erkennbar bleibt".[43]

Die technische Weiterentwicklung der Sampler zielt zur Zeit in Richtung "Resynthese". Bei der Resynthese findet die Analyse eines Klanges mit anschließender Synthese statt. Da ein Klang aus komplexen Schwingungen besteht, die sich aus Sinusschwingungen zusammensetzen, werden diese in ihre kleinsten Bausteine zerlegt. Auch die Zeitverläufe mit ihren Parametern werden festgehalten und errechnet. Mit Hilfe dieser Berechnungen läßt sich dann der Klang resynthetisieren.

> *"Diese Mikrochirurgie erst erlaubt jene subtilen akustischen Klangveränderungen, die auch den oft so faszinierenden 'Quasirealismus' bei der Resynthese gesampelter Instrumentenklänge bedingen, jene Ähnlichkeit mit echten Instrumenten, aber nicht deren absolut identische Reproduktion".*[44]

Momentan sind nur Hardware, wie die Synclavier- und Fairlight-Systeme sowie der Technos Acxel Resynthesizer[45] zu einer Resynthese fähig. Allein die Sample-Editorsoftware Avalon der Firma Steinberg[46] kann ebenfalls Resynthese durchführen. Die Klangstrukturen werden graphisch in dreidimensionalen Klanggebirgen dargestellt und Eingriffe können auf dem Bildschirm mit der Maus vorgenommen werden. Hier wird optisch sichtbar, wie bei der Resynthese im Gegensatz zur normalen Editierung, wo nur die Gesamtheit eines Samples bearbeitet werden kann, einzelne Obertöne entfernt oder hinzugefügt und so neue Klänge erzeugt werden. Es ist zu erwarten, daß den Resynthesizern eine große Zukunft bevorsteht, weil sie mit weit weniger Speicherkapazität als Sampler auskommen. Noch stehen dem allerdings sehr hohe Herstellungskosten entgegen.

1.8. Mischpulte

Bei Mischpulten wird in erster Linie grundsätzlich zwischen Live- und Recordingmischpulten unterschieden. Livemischpulte sind robust gebaut und bieten schnelle

---

43 a.a.O. S. 100
44 SCHÄTZL, ANDREAS, Resynthese - Zukunft des Klanges?, Keys Nr. 2, München 1989, S. 130 ff.
45 SCHÄTZL, ANDREAS, Technos Acxel Resynthesizer, Keys Nr. 2, München 1989, S. 134 ff.
46 GORGES, PETER, Steinberg Avalon. Sample-Editor-Software für Atari ST, Keyboards Nr. 9, Augsburg 1989, S. 97 ff. SCHÄFER Dr., H.J., Avalon, Keys Nr. 2, München 1989, S. 104 ff.

Zugriffsmöglichkeiten, um flexibel auf akustische Probleme, die während eines Livekonzertes auftreten, reagieren zu können.[47]

Recordingmischpulte sind ausschließlich für den Studiobetrieb ausgelegt und bieten technische Möglichkeiten, die während eines Livekonzerts kaum genutzt werden können.[48] Bei der Auswahl eines Mischpultes sind für den Musiker folgende Fragen entscheidend:

a) Werden nur Keyboards, Drumcomputer und Effekte abgemischt, oder sollen auch Mikrophone für die Aufnahme akustischer Instrumente angeschlossen werden?

Wenn nur elektronische Instrumente gemischt werden sollen, dann kann ein Line-Mixer, der über keine Klangregelung oder nur eine einfache Höhen- und Tiefenregelung verfügt, ausreichen. Er dient dann hauptsächlich der Abstimmung der Lautstärkenverhältnisse der angeschlossenen Instrumente. Der Klang kann und muß dann am Instrument selbst editiert werden.

Standart für die Aufnahme akustischer Instrumente ist heute ein Mischpult mit je einem parametrischen Equalizer pro Kanal als Klangregelung. Eine gute Klangregelung ist jedoch teuer. Zwischen den 16 Kanal Mixern Roland Line Mixer M 160 (ca. 1.800 DM) und dem Roland M 160 E mit parametrischer Klangregelung (ca. 3.200 DM) besteht ein erheblicher Preisunterschied.[49]

Musiker, die selten akustische Aufnahmen machen, haben jedoch die Möglichkeit, den Line Mixer mit einem externen Equalizer zu koppeln, und so den Kauf eines sehr viel teureren Mixers zu umgehen.

b) Die Summe der Effektwege ist für Musiker in der Rock- und Popmusik von besonderer Bedeutung. Je mehr Einschleifmöglichkeiten für Effekte vorgesehen sind, um so größer sind die Möglichkeiten der Klangbeeinflussung.

c) Mit der zunehmenden Bedeutung der Vernetzung und Verdrahtung von Instrumenten durch MIDI und die zentrale Steuerung durch einen Computer, ist die Bedeutung der Mischpultautomation gestiegen. Immer mehr Mischpulte der höheren

---

47 Über den Unterschied von Mischpulten. GORGES/MERCK, PETER, ALEX, Keyboards MIDI Homerecording, München 1989, S. 337 ff.
48 BECKER, MATTHIAS, Die Mischung macht's. Wissenswertes über Recording-Mischpulte, Keyboards Nr. 2, Augsburg 1990, S. 44 ff.
49 MERCK, ALEX, Marktübersicht Recording-Mischpulte, Keyboards Nr. 2, Augsburg 1990, S. 68 ff.

Preisklasse sind mit einer MIDI-Schnittstelle versehen. Vom Computer kann hier das 'Muting', d.h. das Stummschalten einzelner Kanäle programmiert werden. Durch das Ausschalten von Kanälen, die an bestimmten Stellen kein Signal senden, wird der Rauschanteil bei einer Abmischung hörbar gesenkt.

Letztendlich kann heute auf die manuelle Bedienung der Regler am Mischpult verzichtet werden. Die Steuerung übernimmt ein Computer mit entsprechender Software.

1.9. Multitrack-Recorder

Zu Beginn der achtziger Jahre wurden die ersten 4-Spur-Cassettenrecorder auf den Markt gebracht. Ihre Entwicklung föderte den Trend zum Homerecording nachhaltig, denn sie kosteten etwa nur die Hälfte (ca. 2.000 DM) der bis dahin gebräuchlichen 4-Spur-Tonbandmaschinen von Tascam. Gleichzeitig bot man die Cassettenrecorder mit einer teilweise recht aufwendigen integrierten Mixersektion an, die die Anschaffung eines externen Mixers ersparte. Die Portastudio-Serie von Tascam bot beispielsweise bereits eine parametrische Klangregelung an, die, zusammen mit einer gegenüber herkömmlichen Cassettenrecordern verdoppelten Bandgeschwindigkeit (9,5 cm/s), die Aufnahmequalität erhöhten. Ein weiteres technisches Feature ist das Track-Bouncing, auch Ping-Pong Verfahren genannt, mit dem man drei bespielte Spuren auf eine Spur abmischen und überspielen kann und dadurch wieder drei Spuren zur freien Verfügung erhält.

Die Musiker wurden durch diese kleinen, preiswerten und leicht zu handhabenden Geräte in die Lage versetzt, ihre Stücke selbst aufzunehmen ohne extra ein Demostudio mieten zu müssen. Die neue Recordergeneration bot außerdem die Möglichkeit, eine musikalische Idee schnell und ohne großen Aufwand festhalten - oder auch an komplexen Arrangements arbeiten zu können.[50]

Durch die Entwicklung des MIDI-Standards und die Computerisierung des Homerecording wurde die Entwicklung und Verbreitung der Multitrack-Recorder kaum beeinflußt, da sie im analogen Aufnahmebereich bis heute unverzichtbar sind.

---

50 über die Funktionsweise von Vierspurrecordern. BECKER, MATTHIAS, Vierkanalrecorder, Keyboards Nr. 9, Augsburg 1986, S. 29 ff und. BECKER, MATTHIAS, Punch In, Punch Out und andere Feinheiten, Keyboards Nr. 10, Augsburg 86, S. 46 ff.

Lediglich die technischen Möglichkeiten, vor allem im Mixerbereich sind erweitert und verfeinert worden. Der WS-X1 6-Spur-Cassettenrecorder der Firma Sansui[51] ist z.B. außer mit einem Mixer zusätzlich mit einer Effektsektion (Digitalhallprogramme und Echo), mit Dolby C und zwei Recordern ausgestattet, um im Gerät eine Abmischung auf eine Mastercassette vornehmen zu können. Durch einen Syncronizer läßt sich ein Recorder auch mit einem Zweiten verbinden, und so die Zahl der möglichen Aufnahmespuren erhöhen. Mit acht Eingängen ausgestattet, ist dieser Recorder bereits ein perfektes kleines Heimstudio, bei dem auch die lästige und aufwendige Verkabelung der einzelnen Bausteine: Recorder - Mixer - Effektgeräte - Masterrecorder, entfällt.

Das 644 MIDI-Studio[52] der Firma Tascam ist im Gegensatz zum WS-X1 mehr auf den MIDI-Verbund ausgerichtet. Für den Keyboarder mit mehreren Expandern stehen 16 Eingänge sowie umfangreiche MIDI-Steuereinrichtungen zur Verfügung. Das 644 MIDI-Studio kann im Sync-Modus[53] arbeiten und ist dadurch in der Lage, einen Sequenzer zu steuern. Das bedeutet, das z.B. während der Aufnahme einer Gesangsspur der Sequenzer automatisch mitläuft und die angeschlossenen MIDI-Instrumente mit dem programmierten Song ansteuert. Der Vorteil dieser Technik liegt darin, daß bei einer Endabmischung die analoge Aufnahme des Recorders mit der digitalen Aufnahme des Sequenzers fein abgestimmt werden kann. Dies kann in klanglicher als auch in musikalischer Hinsicht geschehen, wobei den Nachbearbeitungsmöglichkeiten von Synthesizern und Sequenzern kaum Grenzen gesetzt sind; auch die analogen Signale können durch den Einsatz von externen Effektgeräten stark verändert werden.

Der Vollständigkeit halber sei erwähnt, daß auch andere Vierspurrecorder im Sync-Modus arbeiten können. Im Tascam 644 MIDI-Studio wurde jedoch die bisher umfangreichste Modifizierung eines analog arbeitenden Vierspurrecorders vorgenommen, der sich nahtlos in den MIDI-Verbund einfügt.

Eine andere Ausprägung erfuhr die Entwicklung der Mehrspurcassettenrecorder durch die Erhöhung der Zahl der Aufnahmespuren. Erwähnenswert sind hier die 8-

---

51 eine ausführliche Beschreibung gibt BECKER, MATTHIAS, Sansui WS-X1 6-Spur-Cassettenstudio, in. Keyboards Nr. 12, S. 140 ff.
52 Testbericht von BECKER, MATTHIAS, in. Keyboards Nr. 1, Augsburg 1990, S. 100 ff.
53 über Synchronisation von Mehrspurrecordern. BECKER, MATTHIAS, Homerecording und MIDI (2), Keyboards Nr. 7, Augsburg 1988, S. 139 f.

Spur-Cassettenrecorder Tascam 238[54] und TOA MR-8T.[55] Die Recorder, die beide keine Mixersektion besitzen, weichen kaum von den Klangqualitäten guter Vierspurrecorder ab. Bei einem Preis von ca. 3.000 DM (TOA) und 4.000 DM (Tascam), stellt sich hier jedoch die Frage nach der Anschaffung einer Tonbandmaschine. Die 8-Spur-Tonbandmaschine R-8 der Firma Fostex[56] kostet etwas über 4.000 DM und verfügt durch die Verwendung eines 1/4 Zoll Tonbandes über einen weitaus höheren Frequenzgang und damit über eine höhere Klangqualität. Trotz ihres relativ niedrigen Preises wird sie sowohl im semiprofessionellen als auch im professionellen Bereich eingesetzt.

Es darf nicht übersehen werden, daß die Erweiterung der Aufnahmekapazität auf acht Spuren die Kosten wegen der dadurch notwendig werdenden Anschaffung von externem Mixer, Syncronizer und Verkabelung überproportional steigen läßt.

1.10. Recording-Peripherie

1.10.1. Mikrophone

Mikrophone unterscheiden sich vor allem durch ihre Richtcharakteristik. Sie bestimmt über den Einsatzbereich eines Mikrophons.[57] Im Homerecordingbereich werden dabei hauptsächlich Gesangsmikrophone eingesetzt, die für die Aufnahme von Gesang, aber auch für die Aufnahme akustischer Instrumente, geeignet sind.[58] Der persönliche Geschmack und die finanziellen Möglichkeiten des Anwenders sind für die Auswahl eines bestimmten Mikrophons entscheidend. Bezüglich Klangcharakteristik und Aufnahmequalität gibt es große Unterschiede.

---

54 siehe. Tascam 238 8-Spur-Cassettenrecorder, BECKER, MATTHIAS, Keyboards Nr. 7, Augsburg 1988, S. 56 ff.
55 siehe. TOA MR-8T. 8-Spur-Cassettenrecorder, BECKER, MATTHIAS, Keyboards Nr. 3, Augsburg 1989, S. 118 ff.
56 siehe. Fostex R-8, 8-Spur-Tonbandmaschine, BECKER, MATTHIAS, Keyboards Nr. 2, Augsburg 1989, S. 134 ff.
57 BECKER, MATTHIAS, Mikrophone (2), Keyboards Nr. 9, Augsburg 1988, S. 46 f. BECKER, MATTHIAS, Mikrophone (3), Keyboards Nr. 10, Augsburg 1988, S. 51 f.
58 Becker gibt eine Einführung zu den verschiedenen Mikrophontypen und Richtcharakteristiken. BECKER, MATTHIAS, Homerecording für Einsteiger. Aufnahmetechnik. Gesang (1), Keyboards Nr. 11, Augsburg 1988, S. 58 f. Zur Problematik von Gesangsaufnahmen siehe. ders.. Homerecording für Einsteiger. Aufnahmetechnik. Gesang (2), Keyboards Nr. 1, Augsburg 1989, S. 66 f. ders.. Homerecording für Einsteiger. Aufnahmetechnik. Gesang (3), Keyboards Nr. 2, Augsburg 1989, S. 72 ff.

1.10.2. Verstärker und Boxen

Entscheidendes Kriterium bei der Verwendung eines Verstärkers ist beim Homerecording nicht die Wattleistung des Gerätes (2 X 30 Watt können schon genügen), sondern die Möglichkeit, mehrere Klangerzeuger anzuschließen. Verfügt man über einen Mixer, so kann ein einfacher Hifi-Stereo Verstärker ausreichend sein.

Problematischer stellt sich der Aufbau einer vernünftigen Abhöranlage dar. Hifi-Boxen werden hier nicht verwendet, da sie in der Regel einen schönfärberischen Eigenklang besitzen. Studiomonitorboxen sind dagegen speziell daraufhin konzipiert, den eingespielten Klang so exakt wie möglich und naturgetreu wiederzugeben, bzw. zu übertragen.[59] Dadurch ist am ehesten gewährleistet, daß eine Aufnahme später über Hifi-Boxen verschiedener Bauart und Klangcharakteristik gute Hörergebnisse erzielt. Da die räumlichen Verhältnisse über den Klang von Boxen mitentscheiden, haben die sogenannten Nearfield Monitore an Bedeutung gewonnen. Sie werden links und rechts vom Mixer angebracht, so daß ein Abhören im Nahbereich ohne Raumklangbeeinflussung möglich ist. Die kleinen und sehr leistungsfähigen Nearfield Monitore, die auch in den großen professionellen Studios eingesetzt werden, sind bereits ab 400 DM pro Paar (z.B. JBL PRO 1) zu erhalten.

1.10.3. Effektgeräte und Werkzeuge zur Klangverbesserung

Während es in den Siebziger Jahren noch relativ teuer war, ein Effektgerät zu besitzen, ist es heute für Musiker problemlos geworden, sich aus dem riesigen Angebot preiswerter digitaler Effektgeräte zu bedienen.[60]

Die zur Zeit meistverwendeten Multieffektgeräte bieten die gesamte Palette der üblichen Effekte. Das bei den Musikern wohl beliebteste Multieffektgerät MIDI-Verb II (ca. 780 DM) der amerikanischen Firma ALESIS verfügt über 99 Effektprogramme: Reverb (Hall), Gated Reverb (abgeschnittener Hall), Reverse Reverb (Rückwärts Hall), Chorus, Flange, Delay (Echo) und EFX (Spezialeffekte). Neuere Multieffektgeräte können zudem in einem Programm mehrere Effekte zu einem neuen Effekt kombinieren (z.B. MIDI-Verb III und Quadra-Verb von Alesis). Leider können diese Geräte immer nur einen Effekt (bzw. eine Effektkombination) ausschicken. Will man

---

59 BECKER/SCHMITZ, MATTHIAS/HAGÜ, 19 Monitorboxen im Hör- und Meßvergleich, Keyboards Nr. 10, Augsburg 1988, S. 70 ff.

für ein anderes Instrument einen anderen Effekt einsetzen, so benötigt man ein zweites Effektgerät. Viele Musiker greifen daher auf besonders preiswerte Effektgeräte mit allerdings beschränkten Möglichkeiten zurück, um ihre Effektpalette zu erweitern (z.B. Alesis Micro Serie[61]). Diese Serie umfaßt genauso wie die Valley Micro-Rack-Serie[62] (die genannten Geräte kosten alle um die 350 DM), die sogenannten Werkzeuge zur Klangverbesserung.[63] Der Compressor/Limiter wird eingesetzt, um starke Lautstärkeschwankungen bei Aufnahmen von Gesang und akustischen Instrumenten zu vermeiden. Das Gerät komprimiert die Dynamik auf einen bestimmten, festgelegten Bereich. Exciter werden zum Ausgleich von Höhenverlusten, die ein Signal beim Durchlaufen mehrerer Geräte erleidet, verwendet. Exciter fügen dem Signal nachträglich Obertöne hinzu und verleihen so dem Sound Brillianz und Transparenz.

Denoiser werden dagegen zum Entrauschen einer Aufnahme verwendet. Das Netzbrummen oder Rauschen eines Gerätes kann damit weggefiltert werden. Denoiser werden hauptsächlich für Endabmischungen eingesetzt, da sich bei der Kombination von Bandmaschine und Effektgeräten etc. der größte Rauschpegel ergibt.

Es sollte bei der Benutzung von Klangverbesserern nicht übersehen werden, daß ihr massiver Einsatz leicht zu einem dynamikarmen, sterilen Klangbild führt, was bei Homerecordingaufnahmen häufig festzustellen ist. Der Einsatz dieser Geräte setzt ein gutes Gehör und große Hörererfahrung voraus.

1.10.4. Syncronizer

Der ursprüngliche Anwendungsbereich von Syncronizern lag bei der Film- und Videovertonung. Beim Homerecording dienen sie vor allem der Synchronisation der Bandmaschine bzw. des Cassettenrecorders mit einem MIDI-Sequenzer.[64] Der Syncronizer wandelt die im Sequenzer vorhandenen Daten über Songanfang, Songende,

---

60 BECKER/MERCK, MATTHIAS/ALEX, Marktübersicht. 19" - Effektgeräte, Keyboards Nr. 8, Augsburg 1989, S. 70 ff.
61 BECKER, MATTHIAS, Alesis Micro Serie, Keyboards Nr. 2, Augsburg 1988, S. 106 ff.
62 BECKER, MATTHIAS, Valley Micro-Rack-Serie, Keyboards Nr. 4, Augsburg 1989, S. 133 ff.
63 BECKER, MATTHIAS, Die letzte Rettung (1/2/3). Werkzeuge und Methoden zur nachträglichen Qualitätsverbesserung von Aufnahmen. Keyboards Nr. 1/2/3, Augsburg 1989, S. 135 f./ S. 180 f./ S. 146 f.
64 BECKER, MATTHIAS, Homerecording und MIDI (2). Mehrspurrec., Synchronisation, Sync-to-tape-Interface etc., Keyboards Nr. 7, Augsburg 1988, S. 139 f. HENLE, HUBERT, Synchronisation, Keys Nr. 1, München 1989, S. 92 ff.

Tempo usw. um, die dann auf einer separaten Synchronisationsspur der Bandmaschine aufgenommen werden. Die Bandmaschine kann dadurch nun ihrerseits den MIDI-Sequenzer steuern. Der Vorteil dieser Verkopplung von Bandmaschine und Sequenzer besteht darin, daß die musikalischen Parameter im Sequenzer und der Sound des digitalen Equipments bei einer Endabmischung flexibel editiert und den analogen Aufnahmen angepaßt werden können.

1.11. MIDI-Peripherie

Die Bedeutung der MIDI-Peripheriegeräte hat mit der Verbesserung der MIDI-Sequenzer und der Verfeinerung der Arbeitsweisen ständig zugenommen. Sie dienen zur Organisation der immer umfangreicher werdenden MIDI-Setup's und deren besserer und schnellerer Handhabbarkeit.[65]

1.11.1. Thru-Box

Beim Hintereinanderschalten mehrerer MIDI-Geräte kommt es durch das Durchschleifen der MIDI-Daten und die große Menge an MIDI-Befehlen zu zeitlichen Verzögerungen. Thru-Boxen schalten mehrere Geräte parallel, so daß MIDI-Befehle des Sequenzers und die Datenrückmeldung der Adressaten ohne große Umwege und schneller erfolgt.

1.11.2. Merger

Merger stellen eine Art MIDI-Datenmixer dar. MIDI überträgt Daten im seriellen Datenfluß. Der Merger fügt parallele Daten im Reißverschlußverfahren zu einem seriellen Datenfluß zusammen. Dies ist nötig, wenn mehrere Triggerinstrumente gleichzeitig den MIDI-Sequenzer ansteuern.

---

[65] ohne Autorenangabe, Marktübersicht. MIDI-Peripherie-Geräte, Keys Nr. 3, München 1989, S. 91 ff.

1.11.3. MIDI-Controller

MIDI-Controller dienen dazu, die Vielfalt der Ausdrucksmöglichkeiten der Musiker zu vergrößern. Mit einem MIDI-Wind-Controller (auch Blaswandler genannt), also einem MIDI-fähigen Blasinstrument, kann jeder Synthesizer, Sampler oder sonstiger Soundexpander angesteuert werden. Dem Musiker ist dadurch die Möglichkeit gegeben, seine Instrumentenspezifische Ausdrucks- und Spielweise einzubringen.

Neben Blaswandlern gibt es auch MIDI-taugliche Drumpads, MIDI-Flügel, MIDI-Gitarren, MIDI-Akkordeone und diverse andere Instrumente.[66] Leider gibt es nur begrenzt Expander, die speziell für MIDI-Controller entwickelt sind, da Sounderzeuger nach wie vor hauptsächlich für die Kombination mit Keyboards entwickelt sind.

---

66 AICHER, RICHARD, MIDI-Controller-Geräte, Keys Nr. 3, München 1989, S. 74 ff.

2. Zur Kritik des Homerecording

2.1. Zur Kritik des Homerecordingequipment

2.1.1. Bedienungsanleitungen

Bis heute noch halten es viele Instrumentenhersteller nicht für nötig, eine deutsche Bedienungsanleitung anzubieten. Liegt sie aber vor, dann ist sie häufig eine wörtliche Übersetzung der englischen Bedienungsanleitung und läßt jedes didaktische Einfühlungsvermögen vermissen. Ein besonders schlechtes Beispiel dafür ist die Firma Yamaha, die entweder nur englische oder schwer verständliche deutsche Bedienungsanleitungen liefert. Es gelingt nur wenigen Musikern, beim meistverkauften Synthesizer der Welt, dem DX 7, eine gezielte Klangsynthese vorzunehmen. Die Unfähigkeit der Instrumentenhersteller, ihre Instrumente den Musikern nahezubringen, hat zur Folge, daß es praktisch für jedes gängige Keyboard auch ein von Fremdanbietern geschriebenes Handbuch gibt, das die Informationen enthält, die aus der Bedienungsanleitung nicht hervorgehen. Für den DX 7 sind unzählige Handbücher erschienenen.

Gehört ein Keyboard nicht zu den Markttrennern und ist nur eine englischsprachige Bedienungsanleitung zur Hand, so ist der Nutzer auf ein mühseliges und zeitraubendes 'Trial and Error'-Verfahren angewiesen, um sein Instrument kennenzulernen. Eine Ausnahme stellt in diesem Zusammenhang die Firma Casio dar. Traditionell stellt sie Billiginstrumente her und muß davon ausgehen, daß die Käuferschaft nicht zum Kreis professioneller Musiker gehört. Die Firma Casio hat daher schon lange didaktisch hervorragend durchdachte und entsprechend aufgebaute Bedienungsanleitungen entwickelt, was sich auch bei den professionellen Geräten dieser Firma auswirkt. Beim Kauf eines CZ Synthesizers z.B. erhält der Kunde eine ausführliche, gut aufgebaute und in verständlichem Deutsch erklärende Bedienungsanleitung. Im Data Block sind die Parameter von 82 verschiedenen Sounds abgedruckt, die dem Nutzer die Möglichkeit bieten, selbst zu programmieren und so die Klangsynthesefähigkeiten des Synthesizers nachzuvollziehen. Im dritten Heft befindet sich im Teil 1 eine Zusammenfassung der Bedienungsanleitung; im Teil 2 werden die Klangsynthesemöglichkeiten des Synthesizers beschrieben; Teil 3 gibt einen Schnellehrgang und Tips für die Klangsynthese. Zu allen Erklärungen gibt es praktische Übungen.

Anders als bei der meisten Hardware verhält es sich im Softwarebereich. Bei der Sequenzersoftware sind sich die Hersteller der Verständnisschwierigkeiten der Nutzer sehr viel mehr bewußt. Dies zeigt sich bei den vorbildlich gestalteten Bedienungsanleitungen von C-LAB und Steinberg, die allerdings deutsche Anbieter sind.[67]

Die Bedienungsanleitung für das Creator Programm ist in einen Teil für Anfänger und einen Teil für "Sequenzererfahrene" aufgeteilt; beim Twenty Four und Cubase wird gleich mit der Aufnahme begonnen, die Details können dann in den einzelnen Abschnitten nachgelesen werden. So muß der Anwender nicht gleich den ganzen Text mit seiner Flut von Informationen lesen, sondern kann sich auf das, was ihm momentan am wichtigsten ist, beschränken und das Programm schrittweise erlernen.

Vorbildlich ist die einfach und verständlich geschriebene Einführung in die Funktionsweise von MIDI im Anhang des Handbuches zum Cubase Programm. Es wäre zu wünschen, daß die Instrumentehersteller diesem Beispiel folgen würden.

2.1.2. Handhabbarkeit

2.1.2.1. Recordingequipment

Bezüglich des Recordingequipments kann man feststellen, daß auch die neueren Geräte wie 4-Spur Recorder (mit Mixersektion), Mischpulte und Multieffektprozessoren heute zwar sehr viel mehr an technischen Möglichkeiten bieten, jedoch in Funktion und Aufbau ganz im Sinne der traditionellen Geräte weiterentwickelt wurden. D.h.: Der Umgang damit ist für jedermann prinzipiell schnell zu erlernen und leicht zu überschauen.

2.1.2.2. Klangerzeuger - Die Computerisierung der Instrumente

Mit der größer werdenden Zahl editierbarer Parameter, über die die digitalen Keyboards, Synthesizer, Sampler und Drumcomputer verfügen, wird die Arbeit auch komplizierter und unüberschaubarer. Erschwerend kommt hinzu, daß bei digitalen Geräten die Arbeit am Klang durch die schrittweise Eingabe der Befehle erfolgt. Mit Tipptastern, denen mehrere Funktionen zugeordnet sind, wird das Durchtippen endloser Zahlenkolonnen mühselig und zeitaufwendig. Um das Instrument im MIDI-

---

[67] siehe. Bedienungsanleitungen. Steinberg, Twenty Four III, Steinberg, Cubase, Version 1.5; C-LAB, Creator, Version

Verbund anzumelden und zu den gewünschten klanglichen Ergebnissen zu kommen, wird dem Musiker ein Höchstmaß an Abstraktionsvermögen abverlangt.

Viele Instrumente geraten daher zum reinen Preset-Keyboard, bei denen die Musiker lediglich die ADSR Hüllkurven verändern, um den Klang ihren Vorstellungen anzupassen. Welche Schwierigkeiten die Handhabbarkeit der Keyboards bereitet, zeigt sich beim DX 7 von Yamaha. Die komplexe und komplizierte FM-Klangsynthese und die umständliche Handhabung des Keyboards führte zu einer unendlichen Zahl von DX 7-Handbüchern und -Editoren. Professionelle Soundprogrammierer bieten mittlerweile Hunderttausende von Sounds für den DX 7 an. Selbst einer der in Deutschland erfolgreichsten Musiker und Produzenten, Michael Cretu, fühlt sich von dieser Technik überfordert:

> *"Der DX 7 ist für mich auch so ein Beispiel für einen sehr guten Synthesizer, der wirklich eigenständig klingt, aber von der Bedienung her ist er das Idiotischste, was mir über den Weg gelaufen ist"*[68] - *"Irgendwie schäme ich mich ... daß ich über ein Jahr einen Synthesizer besitze, und ich habe keinen einzigen Sound selber gemacht. Ich hab einen Horror davor."*[69]

Bei den Samplern zeichnet sich die Entwicklung noch deutlicher ab. Trotz der vielen technischen Hilfsmittel zur Loopbildung und zusätzlichen Bearbeitungsmöglichkeit durch eine integrierte Synthesizersektion ist das Sampeln eine komplizierte und aufwendige Arbeit am digitalen Gerät, die zuvor eine lange Einarbeitungszeit erfordert. Die Reihe von Handbüchern und Software zu diesem Bereich hat es aber nicht verhindern können, daß die Musiker es leid sind, mit schlecht bedienbaren Instrumenten umzugehen und in wachsendem Maße zu Sample-Playern greifen, die zur Zeit den Markt überschwemmen. Synthesizer und Sampler verlieren somit in dem Maße, in dem die Palette ihrer Möglichkeiten zur Klangerzeugung sich erweitert, ihren ursprünglichen Sinn: nämlich Werkzeuge zur Klangneuschöpfung, bzw. zum schöpferischen Umgang mit Klängen zu sein. Dabei geht die Herstellerindustrie auf die Kritik der Musiker nicht ein. Anstatt neue, besser durchdachte und einfach handhabbare Sampler zu entwickeln, was mit Entwicklungskosten verbunden wäre, verkauft man Sample-Player - und gleichzeitig die teuren fertigen Samples.

---

68 SCHMITZ, HAGÜ, Interview mit Michael Cretu, Keyboards Nr. 3, Augsburg 1985, S. 22.
69 ders. a.a.O.

Auch die Firma Yamaha hat aus den Problemen mit dem DX 7 nichts dazu gelernt. Der Nachfolger SY 77[70] verfügt über noch mehr, nämlich ca. 1500 Parameter, und ist noch unübersichtlicher zu bedienen. Auch hier werden die Musiker auf die teueren 'Soundcards' mit werkseigenen Klängen oder auf die Angebote der freien Programmierer (die häufig genug ihre Sounds per Zufallsgenerator erstellen) zurückgreifen. Die Folge ist der einfallslose Einheitssound und die längst bekannten Modeeffekte, die uniform auf den meisten Pop- und Rockproduktionen erklingen.

Aber nicht nur die Programmierarbeit, sondern auch das Fehlen des Echtzeitzugriffs nimmt den Geräten die Merkmale, die ein Musikinstrument ausmachen:

> *"Wenn Sie zehn Noten auf einer Geige spielen, werden diese Noten jeweils unterschiedliches Vibrato besitzen - ohne daß Sie darüber nachdenken müßten. Sobald Sie dasselbe mit einem hochentwickelten Tasteninstrument tun, können Sie möglicherweise ebenfalls zehn verschiedene Vibrato-Varianten erzielen, aber Sie müssen es zuvor programmieren. Das ist doch lächerlich! Sie greifen damit die heiligsten Dinge der Musik überhaupt an: die Unmittelbarkeit und den Ausdruck."*[71]

2.1.2.3. Computerhard- und -software

Der Atari ST ist in Europa einer der beliebtesten Computer. Dazu trug vor allem die eingebaute MIDI-Schnittstelle sowie die große Unterstützung der Softwarehersteller bei. Er verfügt über eine gut aufgebaute, übersichtliche und bedienungsfreundliche Benutzeroberfläche, die der des Apple Macintosh ähnelt. Atari ST und Apple Mac verfügen über den gleichen Hauptrechner, aber der Atari ist wesentlich preisgünstiger in der Anschaffung (ca. 1.500 DM). Sein hochauflösender Monitor SM 124 gehört außerdem zu den augenfreundlichsten Monitoren überhaupt.

Entscheidend für die Anschaffung eines bestimmten Computers ist jedoch die für ihn erhältliche Software. Für praktisch alle Anwendungsmöglichkeiten im MIDI-Bereich gibt es Software. Im Bereich der Software-Sequenzer scheint die Entwicklung der Basisfunktionen abgeschlossen, während die Details (z.B. bei den Editoren) weiter entwickelt werden. So ist Lengeling (Entwickler des Creator) zuzustimmen:

---

70 GORGES, PETER, Yamaha SY 77 Digital-Synthesizer, Keyboards Nr. 2, Augsburg 1990, S. 106 ff.
71 Keys Interview mit Vangelis, Keys Nr. 3, München 1990, S. 20 ff

"Ich glaube, gerade die wirklichen Profis stehen gar nicht so sehr auf diesen ganzen Features; ich habe den Eindruck, sie sind häufig mit viel weniger zufrieden, Hauptsache, das aber funktioniert perfekt. Diejenigen, die hier noch was machen und da noch 'ne Automatik haben möchten, kommen eher aus dem semiprofessionellen Bereich. Die beschäftigen sich mit viel Liebe und Begeisterung mit diesen Dingen und fühlen sich auch ein wenig in ihrem Spieltrieb angesprochen."[72]

Man kann also auch im Bereich der Sequenzersoftware feststellen, daß mit der zunehmenden Zahl der Funktionen die Übersicht erschwert wird. Dies betrifft vor allem den Einsteiger, der angesichts der Fülle von Programmiermöglichkeiten längere Zeit an die Bedienungsanleitung gefesselt ist, anstatt seiner Kreativität freien Lauf lassen zu können.

Ein weiteres Problem stellt die rasante Schnelligkeit der Softwareentwicklung dar, die den Benutzer in nervöse Unruhe versetzt. Kaum hat man sich in einem Programm einigermaßen zurechtgefunden, so ist schon das nächste Update oder ein völlig neues Programm auf dem Markt. Der Benutzer lebt daher ständig in dem Gefühl, der Entwicklung hinterherzulaufen.

Ein besonderes Problem der schnellen Entwicklung ist im Bereich der Editorsoftware anzutreffen. Da die Softwarehersteller aus marktwirtschaftlichen Gründen daran interessiert sind, möglichst schnell nach Erscheinen eines neuen Gerätes eine entsprechende Software auf den Markt zu bringen, ist diese sowohl was die technischen Möglichkeiten als auch ihre Übersichtlichkeit und Handhabung betrifft, häufig unausgegoren.[73]

2.1.3. Kompatibilität und Flexibilität

Der MIDI-Standard wurde eingerichtet, um mehrere Synthesizer synchronisieren bzw. zentral steuern zu können. Was bei der Synchronisation von zwei oder drei Instrumenten vielleicht noch relativ einfach ist (Zuordnen von Note-Numbers, Einstellung der MIDI-Kanäle), wird bei der Hinzunahme eines jeden weiteren Instrumentes oder Editorenprogrammes komplizierter. Es wächst nämlich gleichzeitig

---

72 Keys Gipfeltreffen, Die führenden deutschen Software-Programmierer an einem Tisch, Keys Nr. 1, München 1989, S. 82 ff.
73 der Testbericht veranschaulicht die Unterschiedlichkeit von Editorprogrammen. GORGES, PETER, M1 Editoren für Atari ST im Vergleich, Keyboards Nr. 2, Augsburg 1989, S. 80 ff.

auch die MIDI-Peripherie, die die Befehle des Sequenzers und die Rückmeldung der adressierten Instrumente innerhalb der enormen Datenflüsse regelt und in die richtigen Bahnen lenkt. Auch hier gibt es mit Software versehene programmierbare Hardware (Thru-Box/Merger).

Wird aus diesem Verbund ein Baustein herausgenommen oder hinzugefügt, so müssen die Datenübertragungswege neu überdacht und eingerichtet (programmiert) werden. Somit wird der MIDI-Verbund durch seine totale Vernetzung und Verdrahtung immer schwerfälliger und unübersichtlicher. Eine flexible Handhabung wird mit dem Anwachsen des gesamten Apparates immer weniger möglich.

Erschwerend kommt die mangelhafte Absprache zwischen Hard- und Softwareherstellern hinzu. Bei der Installation von Hilfsprogrammen müssen die adressierten Geräte mit ihrem herstellerspezifischen MIDI-Code angemeldet werden. Weder die Bedienungsanleitungen der Hilfsprogramme noch die MIDI-Implementationscards mit ihren endlosen abstrakten Zahlenkolonnen enthalten eine für den Musiker verständliche Beschreibung von Verbindungen. Die Arbeit mit dem MIDI-System bewegt sich hier in Dimensionen, die vielleicht von Informatikern, aber nicht mehr vom Musiker bewältigt werden kann.

2.1.4. Die systemimmanente Zeit- und Kostenspirale

Homerecordingstudios werden in der Regel schrittweise aufgebaut und während der Arbeit an die neu auftretenden musikalischen und produktionstechnischen Erfordernisse angepaßt.

Eine exakte Planung und Kostenkalkulation eines Studios von vornherein ist schwer möglich, weil die individuellen Erfahrungen mit dem Equipment und die sich daraus entwickelnden Ansprüche (besserer Sound; komfortableres, schnelleres Arbeiten; Fehleinkäufe, die Neuanschaffungen nötig machen; etc.) kaum vorhersehbar sind. Andererseits muß der Aufbau einer inneren Logik folgen. Das Homerecordingstudio im MIDI-Verbund besteht aus einer Kette von Bausteinen. Sie sollten daher alle von etwa gleicher Qualität sein. Andernfalls wird die gute Qualität eines Gerätes von der minderwertigen Qualität anderer Bausteine beeinträchtigt. Schafft man sich z.B. ein sehr hochwertiges Keyboard an, so ist man gezwungen, nur entsprechend hochwertige, rauschfreie Effektgeräte, Recorder und Mixer zu benutzen, wenn man die Qualität des Klanges erhalten bzw. erhöhen will. Hier setzt eine kaum vorhersehbare Kostenspirale ein.

Obwohl in den Fachzeitschriften und in der Literatur immer wieder recht vernünftige Planungskonzepte für die Errichtung von Homerecordingstudios angeboten werden,[74] wird viel zu selten auf die versteckten Folgekosten des Homerecording hingewiesen.[75] Mit der Anschaffung jedes Klangerzeugers wächst auch zwangsläufig die gesamte Studioperipherie mit:

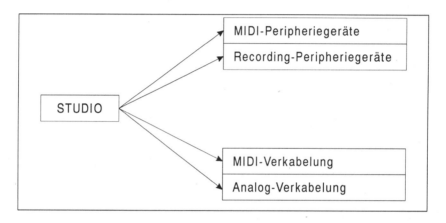

Die analogen Aufnahmegeräte sind im Allgemeinen sehr viel teurer als die digitalen Geräte, weil sie nicht auf der ständig billiger werdenden Chiptechnik beruhen, sondern mit der vergleichsweise teureren herkömmlichen Mechanik (z.B. bei Tonbandgeräten) arbeiten.

Selten wird der Arbeitsaufwand genannt, der bei der Installation der einzelnen Komponenten des Homerecordingequipments auf den Benutzer zukommt. Er besteht vornehmlich aus dem zeitraubenden Studium von Bedienungsanleitungen. Das Verstehen einer Bedienungsanleitung reicht hier aber nicht aus. Das erarbeitete Wissen muß in die Praxis umgesetzt und immer wieder geübt werden, bevor eine Arbeitsweise erreicht ist, die ein rasches Zusammenspiel der einzelnen Komponenten erlaubt.

---

74 GORGES, PETER/MERCK, ALEX, Keyboards MIDI Homerecording, München 1989, S. 373.
75 BECKER weist darauf hin, daß selbst in kleineren Homerecordingstudios problemlos mehrere hundert Meter an analogen und MIDI-Kabeln zusammenkommen. In. BECKER, MATTHIAS, Homerecording für jeden Geldbeutel, in. Keyboards Nr. 12, Augsburg 1988, S. 94 ff.

Da bei der Anzahl der Befehle ein Memorieren kaum möglich ist, muß die Bedienungsanleitung ständig zum Nachlesen präsent sein.

Besonders im Hardwarebereich wird die Arbeit dadurch erschwert, daß ein Transfer von Wissen und Erfahrung selten möglich ist, weil die Geräte- und Instrumentenhersteller (im Gegensatz zu den Softwareherstellern) keine Update-Politik betreiben. Das bedeutet, daß man bei unterschiedlichen Instrumenten der gleichen Firma nicht auf gemachte Erfahrungen zurückgreifen kann, sondern sich jedesmal ein neues Instrument mit einem neuen inneren Aufbau erarbeiten muß.

Oft genug werden bestimmte Funktionen mit neuen Namen benannt, so daß es eine Weile dauert, bis die altbekannten Funktionen als solche erkannt und angewendet werden können. So wird die ADSR Funktion bei der Firma Roland neuerdings unter 'Level' und 'Time' aufgerufen.

Bei der Arbeit mit Geräten unterschiedlicher Hersteller wird die Sache noch komplizierter, weil technisch gleiche Funktionen mit völlig anderen Bezeichnungen versehen sind. Die Grundwellenform wird z.B. von Roland als Tone, von Kawai als Source, von Waldorf als Wellensatz und von Yamaha als AWM-Element (Advanced Wave Memory) bezeichnet.

Um die innere Logik eines schrittweisen Studioaufbaus und seinen damit verbundenen Zeit-, Kosten- und Arbeitsaufwand zu verdeutlichen, möchte ich folgendes Beispiel nennen:[76]

---

[76] Die Editoren zur Klangsynthese werden im folgenden unter dem Punkt 'Peripherie' aufgeführt, da sich Bearbeitungen theoretisch an den Instrumenten selbst durchführen lassen.

Vorhaben:

Es soll ein MIDI-Studio angeschafft werden. Die Maßgabe dafür ist:
- Preisgünstigkeit
- guter, rauschfreier Klang, Klangvielfalt
- Bedienungsvielfalt

Bausteine	Kosten (ca.)	Peripherie	Kosten (ca.)
- Synthesizer- Keyboard K1	1.500 DM	3 MIDI-Kabel	20 DM
- Drumcomputer Hr 16	800 DM		

- Computer
  Atari ST 1040/
  Monitor SM 124
	1.400 DM		

- Sequenzersoft- ware Cubase 2.0.	980 DM		

Summe: 4.200 DM   Summe: 20 DM

insgesamt: 4.220 DM

Bedienungsanleitungen: 4

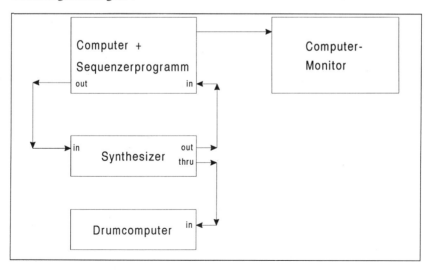

Vorhaben:

Um die Klangsynthese komfortabler (graphisch unterstützt) zu gestalten und die Synthesemöglichkeiten besser nutzen zu können, wird eine Editorsoftware angeschafft. Da das Programm aber nur mit einem Kopierschutzschlüssel arbeitet, ist die Anschaffung eines Keyexpanders nötig, da sonst beim Umschalten vom Sequenzer- zum Editorprogramm der Computer zum Wechseln der Schlüssel jedesmal abgeschaltet werden muß.

Da sich herausgestellt hat, daß das Einspielen von Rhythmuspattern auf der Tastatur des Keyboards dynamisch zu undifferenziert ist, wird ein Drumpad-Set angeschafft, um mehr Lebendigkeit im Spiel zu erreichen. Um die MIDI-Kette dadurch aber nicht zu lang werden zu lassen und Delays zu vermeiden, wird eine MIDI-Thru-Box dazwischen geschaltet.

Bausteine	Kosten (ca.)	Peripherie	Kosten (ca.)
- Synthesizer-Keyboard K1	1.500 DM	- 6 MIDI-Kabel	40 DM
- Drumcomputer Hr 16	800 DM	- Steinberg-Synthworks für K1	250 DM
- Computer Atari ST 1040/ Monitor SM 124	1.400 DM	- Steinberg-Keyexpander	250 DM
- Sequenzersoftware Cubase 2.0.	980 DM	- Roland-Octapad	1.200 DM
		- Kawai-MIDI Patchbay MAV-8	200 DM
	Summe: 4.680 DM		Summe: 1.940 DM
			insgesamt: 6.120 DM

Bedienungsanleitungen: 7

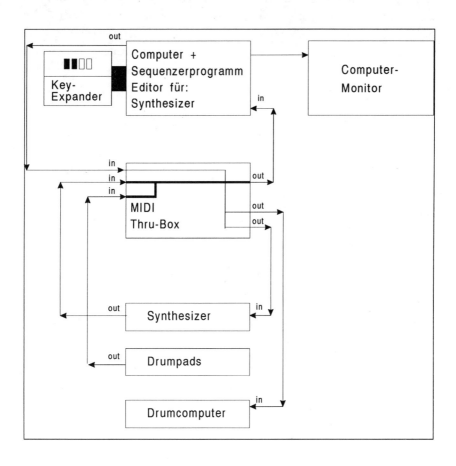

Vorhaben:

Der sechzehnstimmige, mit achtfachem Multimode ausgerüstete Synthesizer reicht für die Verwirklichung größerer Arrangements nicht mehr aus. Um die Klangvielfalt auch mit naturgetreuen Nachahmungen akustischer Instrumente zu bereichern, muß ein Sampler angeschafft werden. Zur Erleichterung der Bearbeitung von Samples wird gleichzeitig eine Sampleeditorsoftware gekauft, die auch die Resynthese erlaubt. Hierfür ist allerdings auch ein Analog/Digitalkonverter nötig, um Editiervorgänge sofort hörbar zu machen.

Bausteine	Kosten (ca.)	Peripherie	Kosten (ca.)
- Synthesizer-Keyboard K1	1.500 DM	- 8 MIDI-Kabel	60 DM
- Drumcomputer Hr 16	800 DM	- Steinberg-Synthworks für K1	250 DM
- Computer Atari ST 1040/ Monitor SM 124	1.400 DM	- Steinberg-Keyexpander	250 DM
- Casio-FZ 10M 16-Bit Sample Expander	2.400 DM	- Roland-Octapad	1.200 DM
- Sequenzersoftware Cubase 2.0.	980 DM	- Kawai-MIDI Patchbay MAV-8	200 DM
		- Steinberg-Avalon, Sampleeditor	800 DM
		- Steinberg Anal./Dig.-Konverter	700 DM
Summe: 7.080 DM		Summe: 3.460 DM	
		insgesamt: 10.540 DM	

Bedienungsanleitungen: 10

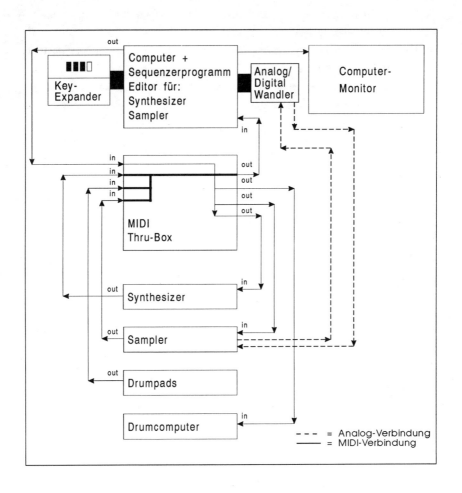

Vorhaben:

Die Anschaffung eines Vierspurrecorders mit integriertem 8-Kanalmischpult ist dringend erforderlich, weil
- die drei Instrumente (Synthesizer, Sampler, Drumcomputer) im Stereobetrieb mindestens sechs Kanäle benötigen. Der Drumcomputer verfügt sogar über vier Ausgänge, die im Stereopanorama entsprechend genutzt werden können;
- auch Gesang und akustische Instrumente die MIDI-Einspielungen ergänzen sollen.

Bausteine	Kosten(ca.)	Peripherie	Kosten(ca.)
- Synthesizer- Keyboard K1	1.500 DM	8 MIDI-Kabel	80 DM
- Drumcomputer Hr 16	800 DM	20 Analogkabel, diverse Längen	300 DM
- Computer Atari ST 1040/ Monitor SM 124	1.400 DM	- Steinberg- Synthworks für K1	250 DM
- Sequenzersoft- ware Cubase 2.0.	980 DM	- Steinberg- Keyexpander	250 DM
- Casio-FZ 10M 16-Bit Sample Expander	2.400 DM	- Roland- Octapad	1.200 DM
- Fostex- 4 Spur/Rec./ 8 Spur/Mix.	1.900 DM	- Kawai- MIDI Patchbay MAV-8	200 DM
		- Steinberg- Avalon, Sampleeditor	800 DM
		- Steinberg- Anal./Dig.- Konverter	700 DM
		- Behringer- Compressor/ Limiter	900 DM
		- Alesis- MIDI-Verb III	750 DM
	Summe: 8980 DM	Summe:	5.430 DM
		insgesamt:	14.410 DM

Bedienungsanleitungen: 13

Für Gesangsaufnahmen und die Aufnahme von akustischen Instrumenten ergibt sich zugleich auch die Notwendigkeit, zumindest einen Compressor/Limiter zu Steuerung der Dynamikverhältnisse, sowie ein Multieffektgerät, um die entsprechende Räumlichkeit zu simulieren, anzuschaffen.

Selbstverständlich gehört auch dazu die nötige analoge Verkabelung (gestrichelt dargestellt), die in den vorherigen Abbildungen noch keine Berücksichtigung fand.

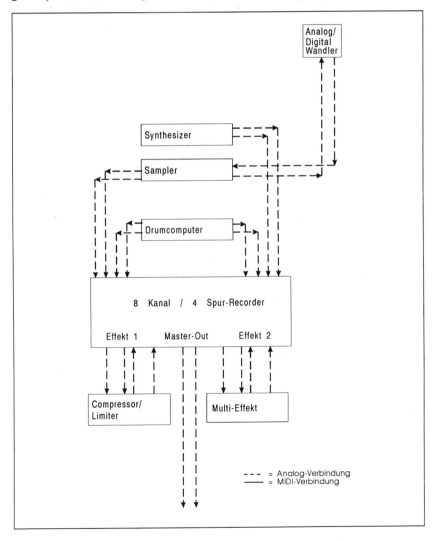

Vorhaben:

Zum Betreiben des Tape-Sync-Modus (Ansteuerung des Sequenzerprogramms durch den Mixer) ist die Anschaffung eines MIDI-Mergers und der dazugehörenden MIDI-Kabel nötig. Angesichts der langen Wege sind nun auch wesentlich längere Kabel (und damit teurere Kabel) anzuschaffen.

Bausteine	Kosten(ca.)	Peripherie	Kosten(ca.)
- Synthesizer-Keyboard K1	1.500 DM	12 MIDI-Kabel	100 DM
- Drumcomputer Hr 16	800 DM	20 Analogkabel, diverse Längen	300 DM
- Computer Atari ST 1040/ Monitor SM 124	1.400 DM	- Steinberg-Synthworks für K1	250 DM
- Sequenzersoftware Cubase 2.0.	980 DM	- Steinberg-Keyexpander	250 DM
- Casio-FZ 10M 16-Bit Sample Expander	2.400 DM	- Roland-Octapad	1.200 DM
- Fostex- 4 Spur/Rec./8 Spur/Mix. 280	1.900 DM	- Kawai-MIDI Pachbay MAV-8	200 DM
		- Steinberg-Avalon, Sampleeditor	800 DM
		- Steinberg-Anal./Dig.-Konverter	700 DM
		- Behringer-Compressor/Limiter	900 DM
		- Alesis-MIDI-Verb III	750 DM
		- Pylon M-MIDI-Merger	400 DM
Summe: 8.980 DM		Summe:	5.850 DM
		insgesamt:	14.830 DM

Bedienungsanleitungen: 14

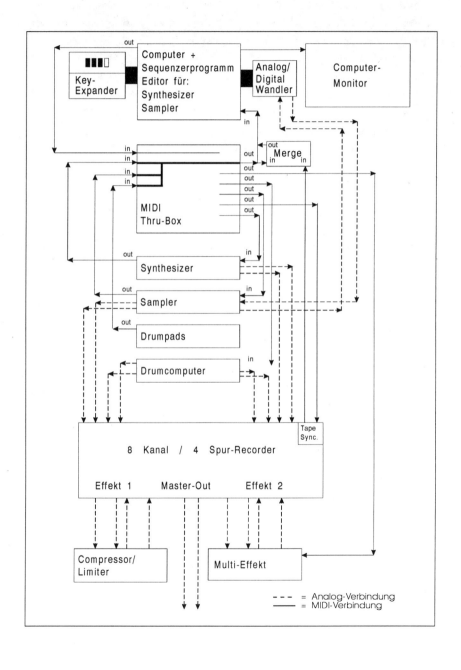

Im Schaubild der Abbildung 5 sind noch nicht die Teile der peripheren Homerecordingkomponenten dargestellt, die weiterhin wesentlich zur Kostenspirale beitragen, ohne die der Studiobetrieb aber nicht möglich ist:

- ein gutes Mikrophon   500 DM
- zwei gute Kopfhörer   500 DM
- Nearfield-Abhörboxen   400 DM
- Verstärker   400 DM
- guter Cassettenrecorder für die Abmischung   700 DM
- sowie Mikrophonständer, Keyboardständer, Cinchkabel, Adapter etc ...

Es kommen also mindestens 3.000 DM hinzu, sodaß sich bei dem dargestellten Modell die Gesamtkosten auf ca. 18.500 DM belaufen würden. Unwesentliche Abweichungen können sich aus einem schwankenden Dollarkurs ergeben.

Die folgende Grafik stellt die Relation zwischen 'Bausteinen' und deren Peripherie im Rahmen der Gesmtkostenentwicklung dar.

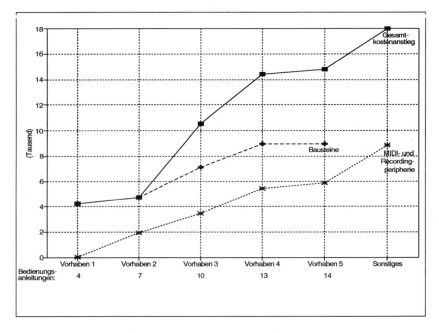

Diese Kosten lassen sich auch nicht senken, denn bei der Planung wurde immer die preiswerteste "funktionierende" Lösung gesucht. Der punktuelle Rückgriff auf professionelles Equipment ist dann unerläßlich, wenn der Equipmentverbund insgesamt zuverlässig und exakt arbeiten soll. Wenn das "Beste gerade gut genug ist", läßt sich nicht vermeiden, daß sich die Kostenspirale weiter dreht.

Es zeigt sich also beim dargestellten Modell, daß sich die scheinbar so leichte Arbeit mit den Komponenten im MIDI-Verbund sowie die Einbindung analoger Recordinggeräte tatsächlich weitaus komplizierter gestaltet, als man zunächst annimmt, und als es die Werbung der Hard- und Softwarehersteller Glauben machen möchte.

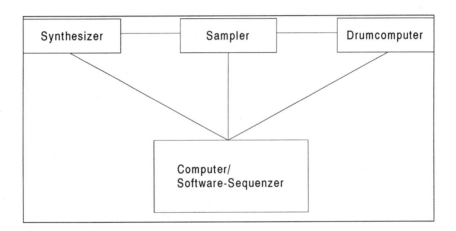

2.2. Zur Kritik der Musizier-, Arbeits- und Übungsverfahren

2.2.1. Das Kommunikationsproblem

Noch Anfang der achtziger Jahre war es ein typisches Merkmal für die Arbeitsweise von Rock- und Popbands, daß Songs teilweise gemeinsam komponiert und vor allem gemeinsam arrangiert wurden. Einen hohen Rang hatte das Entwickeln neuer musikalischer Ideen durch gemeinsames Improvisieren.[77]

---

[77] In einer empirischen Untersuchung konnte ich feststellen, daß 30% der Berliner Bands ihre Stücke gemeinsam komponieren. 72% der Bands arrangieren die Stücke zusammen. siehe. LIPPMANN, WERNER, Arbeitsverfahren und Übungstechniken von Rockbands der Berliner Szene und deren Auswertung für das Schulpraktische Musizieren, Wissenschaftliche Hausarbeit im Rahmen der ersten Staatsprüfung für das Amt des Lehrers mit zwei Fächern, Berlin 1983.
Die Untersuchungen von EBBECKE/LÜSCHPER zeigen mit geringfügigen Abweichungen, daß

Durch die Einrichtung privater Homerecordingstudios ist in den letzten drei Jahren jedoch eine Tendenz zur Vereinzelung der Musiker festzustellen. Die Musiker richten sich eigene Workstations ein, die häufig genug zu kompletten Homerecordingstudios anwachsen.

Die Verwendung unterschiedlicher Hard- und Software beeinträchtigt die Zusammenarbeit der Musiker. Der einzelne Musiker wählt sein Equipment gemäß seinen Fähigkeiten, finanziellen Möglichkeiten und Musizier- und Arbeitsweisen aus. Trotz MIDI-Standards erweist sich das Equipment häufig als nur bedingt kompatibel.

Dazu ein Fallbeispiel:

Der Keyboarder XY hat für seine Band einen neuen Song komponiert. Mit dem Software-Sequenzer Twenty Four wurde der Song aufgenommen. Beim Kauf hatte sich der Keyboarder für den Twenty Four entschieden, weil ihm die Hauptseite des Programms übersichtlich erschien und das Song/Pattern Prinzip seiner Arbeitsweise sehr entgegenkam. Ausschlaggebend war aber der Drumeditor, der es dem rhythmisch nicht sehr versierten XY erlaubte, seine Rhythmuspattern per Mausklick einzugeben. Für die Einspielung des Songs hatte XY einen Roland D10 Synthesizer und einen HR16 Drumcomputer eingesetzt. Der Synthesizer gefiel ihm vom Sound her sehr gut, außerdem konnte er gut mit dem LA-Syntheseverfahren umgehen; der Drumcomputer zeichnete sich für ihn durch einen passablen Sound, niedrigen Preis und durch leichte Bedienbarkeit aus.

XY bittet nun den Schlagzeuger der Band Z, den Rhythmuspart des Songs neu und verbessert einzuspielen. Auch Z besitzt ein kleines Homerecordingstudio. Er arbeitet mit dem Software-Sequenzer Creator, weil er als Nicht-Keyboarder lieber kurze Pattern aufnimmt, die er dann später bequem zusammensetzen kann. Als Keyboard verwendet er den Sample Player U-20, weil ihm Klangsynthese zu mühselig und kompliziert ist; auf den Schlagzeugsound legt er sehr viel Wert, daher besitzt er einen Akai S 950 Sampler und eine große Soundbibliothek mit gesampelten Schlagzeug- und Percussionsounds. Da Z die Rhythmusspur aber nur mit seinem eigenen Equipment einspielen will, weil er sich damit besser auskennt, sicherer damit umge-

---

die Arbeitsweise der westdeutschen Musiker sich von denen der Berliner Musiker nicht unterscheidet.
EBBECKE/LÜSCHPER, KLAUS/PIT, Rockmusiker-Szene intern, Fakten und Anmerkungen zum Musikleben einer industriellen Großstadt. Befragung Dortmunder Musiker, Stuttgart 1987.

hen kann und zuhause mehr Zeit und Ruhe findet, ergeben sich folgende Arbeitsschritte:

1. Die MIDI Daten des Twenty Four müssen in das Creator Programm übertragen werden.
2. Die Zuordnung der Note-Numbers zwischen Triggerinstrument und Slave (Drumcomputer) muß erfolgen.
3. Auswählen und Zuordnen entsprechender Sounds im Sampler, um eine klangliche Annäherung an die ursprünglichen Drumsounds zu erreichen.
4. Auswählen und Zuordnen der Samples vom Sample-Player, um ein möglichst originalgetreues Playback zu erhalten.

Zwei wesentliche Probleme treten bei den genannten Verfahren auf.

1. Die Sounds sind nicht kompatibel. Da jeder gespielten Stimme ein bestimmter Sound zugeordnet werden muß, erfolgt ein hoher Arbeitsaufwand, bis das klangliche Ergebnis befriedigt.
2. Die Anordnung der Drumsounds auf der Tastatur kann zwar für den Nicht-Schlagzeuger sinnvoll sein, sie kann aber auch die gewohnte Anordnungsform des Schlagzeugers durchkreuzen und seinem Spielgefühl zuwider laufen (z.B. Anordnung der Toms für die Rolls), so daß eine Einspielung erheblich erschwert werden kann.

An dem genannten Beispiel zeigt sich deutlich, wie ein scheinbar einfacher Vorgang eine Kette umständlicher Programmierschritte erzwingt. Die theoretisch mögliche Interaktion und Kommunikation zwischen Musikern (die im MIDI-System nur mittelbar möglich ist) ist in der Praxis von so umständlichen Operationen begleitet, daß viele Musiker darauf verzichten. Spontanes Spielen und die Umsetzung spontaner Ideen bleiben dabei schnell auf der Strecke.

2.2.2. Der Musiker als Multiinstrumentalist

Die Schwerfälligkeit des Homerecording im MIDI-Verbund erschwert nicht nur die Kommunikation zwischen den Musikern und führt zur Vereinzelung, sondern es ermuntert sogar den einzelnen Musiker dazu, sich aus den im instrumentalen Bereich ergebenden Abhängigkeiten zu emanzipieren. C. ADAM[78] weist dabei auf die Problematik einer widersprüchlichen Entwicklung hin:

"... daß sich der Schwerpunkt verlagert hat, weg von den handwerklichen Fähigkeiten, das Instrument zu bedienen, hin zum kreativen Gestalten. Bevor es Sequenzer gab, waren ausgeprägte technische Fähigkeiten Voraussetzungen dafür, ein guter Musiker zu sein. Fingerfertigkeit war angesagt, die eigentlich nicht primär kreativ ist. Sie war aber eine Grundvoraussetzung dafür, um die eigene Kreativität überhaupt umsetzen zu können. Und das ist halt nicht mehr der Fall."

Bekannte Popmusiker wie Brian Eno zeigen, wie diese Form von Techno-Pop funktioniert:[79]

"... es gibt zwei Dinge in der Musik, nämlich Handwerk und Urteilsvermögen. Handwerk kann Urteilsvermögen nicht ersetzen, aber umgekehrt kann es manchmal funktionieren. Mit den Technologien, die wir heute haben, ist es möglich, Dinge zu machen, ohne dabei über musikalisches Handwerk wie beispielsweise ein klassischer Pianist zu verfügen ... Die Bedienung elektronischer Instrumente erfordert generell mehr Urteilsvermögen als musikalisches Handwerk."

Durch die neuen Technologien sehen sich Musiker in die Lage versetzt, ihre Songs selber arrangieren und instrumentieren zu können. Die musikalische Zulieferindustrie hat auch hier die Marktlücke entdeckt und bietet den Musikern eine Reihe von Hilfen an: Hardwarearpeggiatoren (Cyclone von Oberheim) oder fertige Drumpattern, komplette Sequenzen oder arrangierte Popsongs, die zerschnitten und in Einzelteile zerlegt wieder zu einem Midi-Mix zusammengefügt werden können.

Viele überforderte Musiker greifen auf diese Hilfsmittel zurück, was eine gewisse Standardisierung der Ausdrucksform zur Folge hat. Im Bereich des Rhythmus beschränkt sich die musikalische Kreation auf die Aneinanderreihung fertiger Rhythmuspattern. Eine Interaktion zwischen Mensch und Maschine findet nicht statt: Der Mensch muß dem zwar selbst ausgewählten, aber trotzdem von anderen vorgegebenen, sich in der Sequenz starr wiederholenden Muster folgen.

Eine besondere Ausprägung erfährt die Standardisierung durch die Einspielung der Instrumente über die Keyboardtastatur. Die verschiedenartigen instrumentenspezifi-

---

78 ADAM, C., in. Gipfeltreffen, Keys 1/89, S. 85
79 ENO, BRIAN zitiert aus. PERINCIOLI/RENTMEISTER, CRISTINA/CILLIE, Computer und Kreativität, Köln 1990, S. 253 ff.

schen Spiel- und Ausdrucksformen können nicht über eine Tastatur imitiert werden. Auch MIDI-Controller wie Blaswandler und Drumpads sind hier nur schwache Hilfsmittel, wenn der Musiker nicht über ausgeprägtes spielerisches Können und Wissen um die Ausdrucksformen des einzuspielenden Instruments verfügt.

2.2.3. Der Musiker als Produzent

Bei der Produktion einer Musik im Homerecordingstudio wird dem Musiker eine multifunktionale Position zugewiesen, die er in Personalunion ausfüllen muß:

Funktion	Anforderung
1. Komponist	- Kompositorische Kenntnisse (Formenlehre) und Fertigkeiten
2. Arrangeur	- Arrangiertechniken beherrschen; Kenntnisse von Tonsatz und Instrumentenkunde
3. Multiinstrumentalist	- Verschiedene Stimmen einspielen können; instrumentenspezifische Spielweisen kennen und beherrschen
4. Tontechniker	- Aufbau, Verkabelung und Wartung des Homerecordingequipments im MIDI-Verbund vornehmen können
5. Toningenieur	- Zentrale Steuerung aller technischen Funktionen; Kenntnisse der studiotechnischen Möglichkeiten
6. Sounddesigner	- Klangsyntheseverfahren kennen und durchführen können
7. Produzent	- Überwachung und Leitung der gesamten Produktion in technischer und künstlerischer Hinsicht; Fähigkeit, das Produkt zu einem klanglich stimmigen und ausgewogenen Gesamtbild zu formen

2.2.4. De-Rationalisierung durch Arbeitseinheit

Bei den technischen Möglichkeiten, die das Homerecordingequipment und das MIDI-System heute bieten, liegt der Gedanke nahe, daß eine "Demokratisierung" der Produktionsprozesse stattgefunden habe.

Der Zugriff auf preiswerte Effektgeräte, die in ihrer Qualität vor wenigen Jahren unerschwinglich und nur den großen professionellen Studios vorbehalten waren, ist heute für jedermann möglich. Auch hochwertige Keyboards wie der DX 7 werden gleichermaßen von musikbegeisterten Amateuren wie von professionellen Musikern benutzt.

Betrachtet man jedoch die Arbeitsweise professioneller Produktionen, so stellt man fest, daß die im Homerecording angestrebte Arbeitseinheit in der industriellen Musikproduktion nicht stattfindet. Sie ist hochgradig arbeitsteilig ausgelegt. Viele der heutigen Pop- und Rockproduktionen durchlaufen in wahren Odysseen die Aufnahme- und Abmischstudios der Welt, in denen Heerscharen hochqualifizierter Spezialisten sie zu einem Endprodukt veredeln.[80]

So professionell ausgestattet und operierend kann MIDI das leisten, was es verspricht - Kommunikationsprobleme lösen. Es stellt für die Techniker kein nennenswertes Problem dar, von einem Keyboarder in New York ein Solo einspielen zu lassen, um es, per Modem übertragen, in die aktuelle Produktion eines Londoner Studios einfließen zu lassen. Diese durchaus übliche Praxis hat ganz rationelle Gründe: Die Plattenfirma erspart sich viel Zeit und Kosten.

Beim Homerecording zielt die Entwicklung jedoch in die umgekehrte Richtung. Anstatt eine Rationalisierung durch Arbeitsteilung zu erzielen, indem man für jeden Produktionsschritt einen qualifizierten Spezialisten einsetzt, strebt das Homerecording der Arbeitseinheit zu. Sie wird verkörpert durch einen oder mehrere Musiker, die multifunktionelle Positionen im Produktionsprozeß einnehmen müssen.

Im Homerecording wird versucht, "alles selbst in den Griff zu bekommen". Man versucht, sich für jeden Arbeitsbereich Expertenwissen in Form von Software zu verschaffen, um damit optimale Ergebnisse zu erzielen.

Dabei müssen die Musiker ihre Arbeitsweise und ihre Kreativität der Software anpassen. Sie ist zwar als Gemeinschaftsprodukt von Musikern, Technikern und Programmierern entstanden, jedoch nicht auf individuelle Bedürfnisse zugeschnitten. Es wird dem Benutzer daher kaum möglich sein, die vorgegebenen Bahnen (Denk-, Arbeits- und Organisationsweisen) zu verlassen. Das Softwareprogramm kann nicht auf die speziellen Erfordernisse einer bestimmten Produktion reagieren. Ganz anders

---

80 die von Mick Jagger 1985 vorgestellte Solo-LP "She 's the boss" wurde in 20 verschiedenen Studios unter Beteiligung von ca. 300 Musikern produziert.

bei industriellen Produktionen. Die dort arbeitenden Experten können flexibel auf die Anforderungen einer Produktion reagieren. Ein effektiveres Arbeiten als im Homerecordingstudio wird dadurch möglich. Auf Joe Cockers LP "Cocker" z.B. wird der Programmierer des Fairlight Synthesizers gleichberechtigt neben den Musikern genannt.

2.2.5. Die Perspektiven des Homerecording

Anfang und Mitte der achtziger Jahre wurde durch die Entwicklung des MIDI-Standards bei den Musikern ungeheure Euphorie ausgelöst. In einer dramatisch schnellen Entwicklung wurde immer mehr und bessere Software auf den Markt gebracht, und auch die Klangerzeuger boten ein Mehr an Arbeitskapazität (vor allem im Bereich des Multimodes) und eine bessere Klangqualität bei gleichzeitig sinkenden Preisen. Parallel dazu stieg das Angebot an peripherer Software und Geräten, die die Arbeit des Homerecordingequipments im MIDI-Verbund erleichtern sollte.

Wenn auch die Faszination der theoretisch vorhandenen musikalischen und technischen Möglichkeiten (alle möglichen Instrumente scheinbar spielen zu können, Zugriff auf Zehntausende von Klängen) weiterhin besteht, so ist eine Tendenz der Ernüchterung und der realistischeren Einschätzung bezüglich der neuen Technologien festzustellen. Auch Musiker müssen, trotz aller Passion, wirtschaftlich arbeiten, so daß die Erkenntnis von VANGELIS[81] schnell zur Binsenwahrheit wird: *"Mozart hätte in der Zeit, in der wir nur das zwanzigstöckige Effekt-Rack programmieren, eine Symphonie komponiert."*

Der große Markterfolg der Sample-Player weist schon auf eine Form zur Reduktion hin. Der Berliner Musiker Ralf Wadepfuhl, vormals bei Tangerine Dream (die weltweit als Inbegriff deutscher Technomusik gelten), spielt heute Sample-Player, *"... weil mir die Musik wichtig ist und mir die Zeit und Lust zum Programmieren fehlt."*[82]

Bei homerecordingerfahrenen Musikern verstärkt sich die Tendenz zur Reduktion des Equipments, weil

> *"... der Musikalienmarkt sich von der Musik wegbewegt. Statt dessen werden zunehmend Interessenten bedient, die eher unmusikalisch sind. Verstehen Sie*

---

81 VANGELIS, in. Keys Nr. 3, 1990, S. 23

mich nicht falsch: Es ist sicher positiv, daß jeder die Möglichkeit erhält, Musik zu machen. Ich kritisiere lediglich, daß zur Zeit kein Hersteller Instrumente entwickelt, die die Möglichkeiten virtuoser Musiker unterstützen."[83]

Genau an diesem Punkt können Musiker sich auf ihr Kapital zurückbesinnen: nämlich ein Instrument facettenreich und ausdrucksstark zu spielen - und zugleich in eine musikalische Kommunikation mit anderen Musikern einzutreten. Die Ausdrucksstärke, hervorgerufen durch die Sinnlichkeit, die im Umgang mit dem akustischen Instrument entsteht, sowie die Spontanität und Inspiration, die sich aus einer Interaktion mit anderen Musikern ergibt, verleiht der Musik eine Lebendigkeit, die im Homerecordingstudio auch durch die Programmierung Tausender von Parametern nicht zu erreichen ist.

Eine Lösungsmöglichkeit bietet dabei die Installation eines Hybridstudios. Die Firma Fostex, die ursprünglich nur Mehrspurcassettenrecorder herstellte, hat diese Zeichen erkannt und mit ihrer vergleichsweise preiswerten MIDI-fähigen Achtspurtonbandmaschine R8 einen großen Markterfolg erzielt.

Trotzdem ergeben sich durch die Anschaffung solcher Geräte eine Reihe neuer Probleme. Erstens können es sich nur wenige Musiker erlauben, in ihrem Wohnzimmer z.B. ganze Bläsersätze aufzunehmen. Zweitens ergibt sich eine Kette weiterer Investitionen,[84] die den Homerecordingbereich sprengen, ohne über semi-professionelles Arbeiten hinauszuführen, da damit bestenfalls Demo-Aufnahmen möglich sind. Professionelles Arbeiten beginnt erst mit einer Halbzoll-Bandmaschine (die Halbzoll-Achtspurbandmaschine von Studer Revox C278 kostet ca. 16.000 DM).[85]

Angesichts dieser finanziellen Dimensionen wird es jeder Musiker vorziehen, seine Aufnahmen in einem Studio vorzunehmen. Hier nimmt Berlin (West) sogar eine Sonderrolle ein. In Berlin (West) bieten sich wie in kaum einer anderen Stadt dafür eine große Zahl kleiner und mittlerer, hervorragend ausgestatteter Studios an. Begünstigt wurden die Studiogründungen durch die im Rahmen der Berlinförderungsmaßnahmen geleistete Investitionszulage von 10%. Durch die starke Konkurrenzlage sind Studiomieten hier vergleichsweise niedrig.

---

82 Gespräch mit RALF WADEPFUHL, Gedächtnisprotokoll 1990
83 VANGELIS, a.a.O.
84 BECKER rechnet exakt die Anschaffungskosten, Nebenkosten und versteckten Kosten zusammen. BECKER, MATTHIAS, Homerecording für jeden Geldbeutel, Keyboards Nr. 5, Augsburg 1988, S. 94 ff.
85 Testbericht Studer C 278. Keyboards Nr. 9, 1990, S. 96 ff.

Mit der Weiterentwicklung der volldigitalen Studios, die auch in den Homerecordingbereich Einzug halten werden, ist der weitere Trend zum Homerecording festgeschrieben. Da im volldigitalen Studio Produktionen mit CD-Qualität möglich sind, wird sich die Schallplattenindustrie mehr und mehr auf die Rolle des Verteilers mit seinem hochentwickelten System der Promotion vorbereiten und die Rolle des Herstellers von Musik vernachlässigen.

Welche genauen Auswirkungen dies auf die Musiker und das Musikmachen haben wird, ist nicht genau voraussehbar. Die von Gies geäußerte Vermutung allerdings, daß es nicht verwundern würde, *"... wenn auch der Computer - wie zahlreiche musiktechnologische Innovationen zuvor - einen Motivationsschub für das Erlernen konventioneller Instrumente bewirken würde"*[86] bestätigt sich schon heute bei den jungen Newcomern der Musikszene:

Bei den "Berlin Independent Days 1990", einer Messe für unabhängig produzierender Musiker, wurden insgesamt 600 Bands vorgestellt. 400 Bands davon waren reine Gitarrenbands, die auf jegliche MIDI-fähige Elektronik verzichteten.

---

[86] GIES, STEFAN, Perspektiven der Computeranwendung in der Musikpädagogik, Musik und Bildung 6/89, S. 328.

3. Der Einsatz des Homerecordingequipments im MIDI-Verbund in der Schule

3.1. Die denkbaren Einsatzmöglichkeiten

Bei der Betrachtung der einzelnen Bausteine des Homerecordingequipments erscheinen Cassettenrecorder und Keyboard als technische Mittel, die den 'Alten Medien' zuzuordnen sind. Sie haben in der Unterrichtspraxis seit langem einen festen Stellenwert, dessen didaktischer Nutzen unbestritten ist. Durch die MIDI-fizierung und Computerisierung sind ihnen aber neue Funktionen, die eine Zurechnung zu den 'Neuen Medien' rechtfertigt, zugewachsen.

Keyboards werden als komplette Workstations oder auch als Triggerinstrumente, die andere Klanggeneratoren (Slaves) ansteuern, angeboten. Mit Multimode ausgerüstet lassen sich auf ihnen umfangreiche Arrangements verwirklichen. Bearbeitung und Steuerung können über den Computer erfolgen. Preiswerte Mehrspurcassettenrecorder können mehrere Spuren aufnehmen, abspielen und abmischen. Außerdem werden sie über den Sync-Modus zur Steuerung des Computers eingesetzt. Sie sind heute das Bindeglied zwischen analoger und digitaler Aufnahmetechnik.

Es ist also z.B. möglich, daß Schüler mit diesem Equipment ein Arrangement mit den Keyboards einspielen, das dann vom Computer gesteuert als Playback für Gesangsaufnahmen dient. Die Gesangsaufnahmen werden dann mit dem Cassettenrecorder gemacht, der ja mit dem Computer syncronisiert ist.

In didaktischer Hinsicht ist die Erstellung von Playbacks und die Arbeit mit 'Spiel-Mit-Sätzen' prinzipiell nichts Neues. Bei den 'Neuen Technologien' aber, deren zentrales Steuerelement die Computerhard- und Software ist, *"... handelt es sich um eine Erweiterung der methodischen Möglichkeiten des Musiklehrers bei der Vermittlung unabhängig davon existierender musikpädagogischer Inhalte."*[87]

Lugert[88] nennt dazu die Bereiche:
- Gehörbildung/Harmonielehre: Durch sogenannte Drill and Practice Programme,

---

87 LUGERT, WULF DIETER, Der Computer im Musikunterricht, in. Populäre Musik im Unterricht, H. 25, 6/89, S. 12.
88 ders., a.a.O.

- die akustische Analyse: Die Spuren einzelner Stimmen können stummgeschaltet werden, das Tempo läßt sich ohne Tonhöhenverlust verändern, wodurch *"... ihre Struktur transparent und nachvollziehbar wird."*
- Klassenmusizieren: Die Arbeit mit 'Spiel-Mit-Sätzen' ist komfortabler zu vollziehen und bietet die gleichen Vorteile wie für die Analyse: die Möglichkeit zur Anpassung des Tempos ohne Tonhöhenverlust, zum Stummschalten bzw. zum Hervorheben einzelner Stimmen der Partitur.

Besondere Vorteile sieht Lugert bei den Vor- und Nachbereitungen des Unterrichts für den Lehrer. Der Lehrer kann seine eigenen Unterrichtsmaterialien flexibler zusammenstellen und so den jeweiligen Unterrichtssituationen anpassen. Durch Text- und Datenverarbeitung, Notations- und Grafikprogramme sowie das Einlesen von Bildern durch einen Scanner läßt sich die Attraktivität von Arbeitsbögen wesentlich erhöhen. Die Editierbarkeit der Daten erlaubt auch die spätere Bearbeitung vorhandenen Materials in der Nachbereitungsphase.

Enders/Knolle[89] erweitern und differenzieren die didaktischen und methodischen Aspekte der Neuen Musiktechnologien. Deren denkbare Einsatzmöglichkeiten sehen sie im

Musik erfinden, spielen, untersuchen
Musik kann in praktisch beliebigen Aktionsformen mit Hilfe von Sequenzersoftware eingespielt und am Bildschirm durch anschauliche Grafiken oder Notationen visualisiert und analysiert werden. Auch das Ausmerzen von Einspielfehlern ist durch das nachträgliche Editieren möglich. Komplette Kompositionen und Arrangements können so am Bildschirm zusammen gestellt werden;

Klänge machen, verändern, untersuchen
Klangsynthesen und Resynthesen können mittels Editorprogrammen durchgeführt werden, um eine *"... auditive und visuelle Darstellung hörpsychologischer Gesetzmäßigkeiten ... klanglicher Prozesse und musikalischer Ereignisse ..."* zu erreichen;

Sachwissen und Fähigkeiten aneignen
Drill und Practice Programme *"... fordern musiktheoretische Kenntnisse und fördern die Fähigkeit des Jugendlichen, sich mit musikalischen Sachzusammenhängen kompetent auseinanderzusetzen."*

---

89 ENDERS/KNOLLE, BERND/NILS, Der Computer im Musikraum, in. Praxis Musikerziehung 5/90, S. 265 ff.

Die Aufgaben und Ziele der 'Neuen Technologien' im Musikunterricht verstehen die Autoren als *"Aktualisierung und Erweiterung der bereits bestehenden Didaktik der Neuen Musik bzw. der Rock- und Pop-Musik"* und fassen zusammen:[90]

- *"Vermittlung theoretischer Kenntnisse und bedienungspraktischer Kenntnisse ... musikorientierter Computersysteme"*;
- Erweiterung von *"kreativen musikalischen Fähigkeiten bei der Erzeugung und Bearbeitung von elektronischen und akustischen Klangereignissen bzw. beim Komponieren und Arrangieren von Stücken zu erkunden und entwickeln"*;
- die *"musikalisch-sinnlichen Wahrnehmungsfähigkeiten der Jugendlichen aus eigener praktischer Anschauung ..."* zu schärfen *"... bezüglich der Defizite, die das computergestützte Musikmachen aufweist"*;
- die *"massenmediale Bedingtheit wie auch ihre Abhängigkeit von computergestützten Verfahren der Musikproduktion kritisch aufzuarbeiten und einzuordnen"*;
- Vermittlung der Fähigkeiten, die *"Beziehung zwischen musikalischem und technologischen Fortschritt"* einschätzen zu können;
- *"Kriterien und Wertmaßstäbe ... zur ästhetischen Einordnung eigener Musikerfahrung und kommerzieller Musikangebote"* zu entwickeln.

Tatsächlich entwickeln sich die denkbaren Einsatzmöglichkeiten fast täglich mit dem Erscheinen neuer Software, denn es kann nach Lugert[91] *"... mit Hilfe eines Computers alles gelehrt und gelernt werden, was softwaremäßig darstellbar ist."*[92]

Die heute dafür verfügbare Software besteht aus
- Sequenzersoftware
- Editorensoftware
- Notationssoftware
- Lernsoftware für die Bereiche Gehörbildung, Harmonielehre und Rhythmus
- Musikalische Mal- und Zeichensoftware
- Experimentelle Software

Die Bandbreite ihrer pädagogischen Einsatzmöglichkeiten läßt sich wie folgt gliedern:

---

[90] ders. S. 268
[91] LUGERT, Neue Technologien im Musikunterricht, in. Populäre Musik im Unterricht, H. 15/1986, S. 2.
[92] Auch die Schulbuchverlage haben bereits die Marktchancen für musikpädagogische Software erkannt. Beispiel. ENDERS, BERND, Computerkolleg Musik-Gehörbildung, Schott-Verlag, Mainz 1990.

3.1.1. Bereich Gehörbildung/Harmonielehre/Rhythmus

Für den Bereich Gehörbildung/Harmonielehre gibt es einige, nach musikpädagogischen Gesichtspunkten entwickelte Lernsoftware. Das bereits seit 1974 entwickelte amerikanische Lernprogramm GUIDO[93] (Graded Units for Interactive Dictation Operations) enthält die Lernbereiche Musiktheorie und Gehörbildung und ist in seiner Stoffauswahl sowohl auf Schüler als auch auf Musikstudenten ausgerichtet. Der Computer überwacht den Leistungsstand des Lernenden und bestimmt die folgenden Lernschritte. Stärken und Schwächen werden berechnet und die Aufgaben werden den individuellen Bedürfnissen des Schülers entsprechend gestellt.

Ein ebenfalls interaktives Lernprogramm, das die Individualität der Schüler zu berücksichtigen versucht, stellt das von Bernd Enders herausgegebene "Computerkolleg Musik"[94] dar. Sein Gehörbildungsprogramm ist in vier Grundkurse gegliedert:

- 1. Intervalle
- 2. Skalen
- 3. Rhythmen
- 4. Akkorde

Weitere Kurse sollen folgen:
- 5. Melodien (ein- und zweistimmig)
- 6. Kadenzen (vierstimmig)
- 7. Tanzrhythmen (lateinamerikanisch/klassisch/modern)
- 8. Satzelemente

Enders beschreibt die wesentlichen Vorteile der Lernsoftware gegenüber der Verwendung des Musikbuches so:

> *"Während das Buch die benötigten Unterrichtsinhalte im wesentlichen nur in Form unveränderlich angeordneter Texte und Abbildungen anbieten kann, verfügt ein Computersystem zusätzlich über Möglichkeiten, Klänge auszugeben, beispielsweise um passende Klangbeispiele hörbar zu machen oder Musikstücke abzuspielen. Noten, Partituren, Graphiken (Animationen, Trickfilme) oder komplette Bildsequenzen können abgebildet, geeignete Musikinstrumente gesteuert oder das Spiel auf einem Keyboard überwacht werden. Ein*

---

93 dazu. BRIGITTE WASJACK/STEPHAN KNAF, Musikcomputer und Musik lernen - ein Anachronismus? in. Musik und Bildung 10/86, S. 895 f.

Computerlernsystem mit MIDI-Keyboard leistet also in vieler Hinsicht ähnliches wie eine Medienkombination aus Buch, Partitur, Kassetten- oder Videogerät und (!) Musikinstrument ..."[95]

Trotz der genannten Vorteile stößt auch diese Form der programmierten Unterweisung an Grenzen. Die genannten Lernprogramme[96] sind vor allem für das Selbststudium und weniger für die Arbeit im Klassenverband konzipiert. Sie sollen den Lehrer von seiner Arbeit entlasten, muten dem Schüler aber alle Probleme isolierten Arbeitens zu. Eine Kommunikation durch "persönliches" Ansprechen ("Okay Klaus, völlig richtige Antwort!") wird dabei lediglich vorgetäuscht. Eine Interaktion kann nur in dem Rahmen stattfinden, den die programmierte Software zuläßt. Der Schüler muß ihrer Logik folgen. Das gleiche gilt beispielsweise auch für den Methodenwechsel, der von Lehrern bei unerwartet auftretenden Lernschwierigkeiten in konkreten Unterrichtssituationen spontan vorgenommen und individuell ausgerichtet werden kann. Das Programm dagegen kann nur auf gespeicherte Problemlösungen zurückgreifen.

Auch wenn in die oben genannten Lernprogramme viel pädagogische Erfahrung eingeflossen ist und sich die Kapazität und Rechnergeschwindigkeit der Computer ständig erhöht, können diese Programme die Arbeit des Lehrers nur ergänzen. Ihnen fehlt das wesentliche pädagogische Moment der zwischenmenschlichen Lebendigkeit, wie sie zwischen Lehrer und Schüler entsteht.[97] Sie eignen sich aber als Drillprogramme im Sinne systematischer Hörerziehung. Inwieweit nicht nur Studenten, sondern auch Schüler mit diesen Programmen über längere Zeit motiviert arbeiten, werden Langzeituntersuchungen beantworten müssen.

---

[94] dazu. EKKEHARD ARNOLD, Nicht nur das Ohr ... Gehörbildungsprogramme für die Schule, in. Musik und Bildung 12/90, S. 700 ff.
[95] ders.. S. 703.
[96] das gleiche gilt auch für andere Lernsoftware wie das Gehörbildungsprogramm "Das Ohr" von Steinberg oder die Education-Serie von C-LAB, siehe dazu. WOLFGANG KLEMME, Der musikalische Hauslehrer, Musik und Bildung, 3/91, S. 69 f.
[97] auf die Probleme isolierter Gehörbildung weist ARNOLD hin. Siehe dazu. EKKEHARD ARNOLD, Gehörbildungsprogramme. Zurück zum Drill, Vorwärts zur Vernetzung?, Musik und Bildung 5/90, S. 275.

3.1.2. Klassenmusizieren

Die wesentlichen Vorteile der Anwendung von Sequenzersoftware liegen in folgenden Eigenschaften:

1. Der Lehrer kann 'Spiel-Mit-Sätze' auf das Leistungsniveau der Schüler ausrichten oder bei der Nachbesinnung korrigieren.
   Das betrifft nicht nur die Bestimmung des instrumentalen Schwiergkeitsgrades in der Vor-, bzw. in der Nachbereitungsphase, sondern auch die Möglichkeit, während der Erarbeitung flexibel zu reagieren (Stummschaltung, Tempoanpassung ohne Höhenverlust, Tonartenwechsel etc.).[98]
2. Das ständig wachsende Angebot von MIDI-Songs (professionell arrangierte Musikstücke, die in den Sequenzer geladen werden können) erlaubt dem Lehrer den Zugriff auf ein reichhaltiges, attraktives und aktuelles Unterrichtsmaterial.
3. Neben der eigenen Erstellung von Rhythmuspattern bietet es sich an, Software mit professionell gefertigten Drumpattern in den Sequenzer einzuspeisen und wie 'Spiel-Mit-Sätze' im Bereich der rhythmischen Erziehung zu nutzen.
4. Der in fast allen Software-Sequenzern integrierte 'Cycle'-Modus erlaubt die endlose Wiederholung musikalischer Abschnitte. Der Software-Sequenzer kann dem Schüler als "unendlich geduldiger" Übungspartner dienen, der keine Fehler übelnimmt oder sein Spiel aufgrund von Einspielfehlern abbricht.[99]
5. Das angeschlossene MIDI-Keyboard erlaubt eine motivierende, klanglich attraktive Realisierung von Songs und Pattern.

---

98 Zu den Vorteilen von computergestützten 'Spiel- Mit-Sätzen' in der Schulpraxis, siehe. VOLLPRECHT, SIEGFRIED, Computergestütze Playbacks. Praktische Verwendung der MIDI-Technologien im Musikunterricht und in Arbeitsgemeinschaften, in. LOG IN 11, H. 5, 1991, S. 51 ff.
99 ELLEE' und UBBEN weisen in diesem Zusammenhang auf die besonderen Vorteile des Computers als Übungspartner vor allem im Bereich der Blues- und Jazzimprovisation hin. siehe dazu. DIRK ELLEE', ARND-DIETER UBBEN, Neue Technologien - Visionen für den Musikunterricht?, Musik und Bildung 6/90, S. 367.

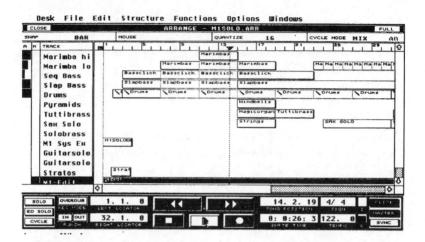

Mainpage (Cubase)

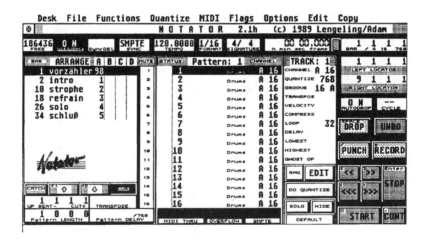

Mainpage (Notator)

3.1.3. Bereich Werkanalyse

Bei der Werkanalyse zeigen sich die gleichen Vorteile des Sequenzers wie im Bereich des Klassenmusizierens: Einzelne Stimmen können stummgeschaltet, bzw. aktiviert und in verschiedenen Tempi abgehört werden. Bei der Bearbeitung von Formen kann das Werk auch in seine Bestandteile zerlegt, stückweise untersucht oder neu zusammengesetzt werden.

Neben der akustischen Wiedergabe eines Werkes und seiner einzelnen Stimmen, bietet sich auch für die in die musikalische Materie tiefer eindringende Analyse die grafische Visualisierung durch die einzelnen Editoren an. Hierfür stehen 'Grid-' und 'Key-Editoren' zur Verfügung, die die musikalischen Parameter horizontal und vertikal in Balkenform darstellen.

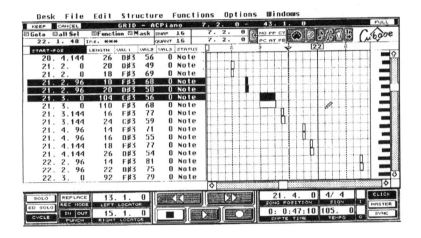

Grid-Editor (Cubase)

Im Score-Editor wird die Musik in der Standard-Notation dargestellt. Er erlaubt beispielsweise das Verfolgen einzelner Stimmen. Der mitlaufende Cursor zeigt dafür jede momentan gespielte Note an.

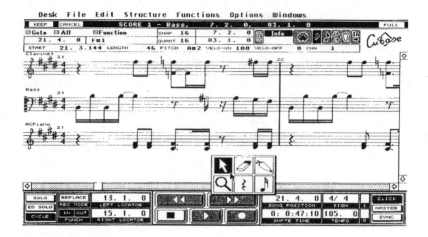

Score-Editor (Cubase)

Im Drumeditor schließlich werden grafisch detailliert rhythmische Strukturen in mehreren Ebenen dargestellt, die sich vor allem zur Behandlung rhythmischer Fragestellungen besonders eignet.

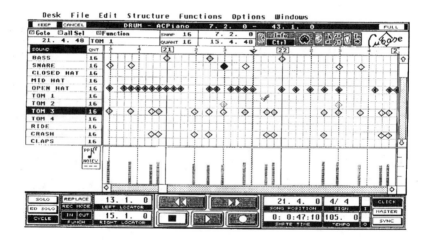

Drum-Editor (Cubase)

3.1.4. Bereich Komposition/Arrangement

Die Cut-, Copy-, Paste-, Transpose- und Reversefunktionen in den Software-Sequenzern und ihren Editoren bieten eine enorme Fülle von Anwendungsmöglichkeiten, die sich nicht nur für musiktheoretische Demonstrationen, sondern auch für den handlungsorientierten Nachvollzug musikalischer Problemstellungen eignen. Die in einer Werkanalyse erarbeiteten musikalischen Sachverhalte können von den Schülern praktisch erfahren werden. Das Werk kann beispielsweise in all seinen Parametern verändert, oder auch durch die Möglichkeiten des MIDI-Keyboards neu instrumentiert werden.[100]

Es stellt kein Problem dar, mit den oben genannten Funktionen eigene Erfahrungen in den verschiedensten Kompositions- und Arrangementstechniken zu machen. Die Schüler können Erfahrungen in der Minimal-Music, der seriellen Musik, der Pop- und der Kunstmusik sammeln.[101]

Sie können beispielsweise einzelne Pattern zu einem ganzen Lied zusammensetzen oder ein Lied in seine Bestandteile zerlegen.[102] Das Strukturieren einfacher Popsongs ist genauso möglich, wie die Durchführung algorithmischer Kompositionsverfahren oder 'entwickelnder Variationen' nach Arnold Schönberg.[103]

Je nach Anwendungsbereich eignen sich die verschiedenen Sequenzer im besonderen Maße dafür. Knolle hat dafür die Sequenzerfunktionen von Cubase und Notator verglichen und festgestellt, daß sich Cubase als bandorientiertes Recordingsystem für die Arbeit mit Minimal-Music, Neue Musik und Kunstmusik (soweit sie sich nicht eng an Pattern orientiert) eignet. Den Notator sieht er dagegen durch seine Aus-

---

100 Es bietet sich hierbei an, die Melodie, oder das Motiv eines Werkes, durch rhythmisch-metrische (Drumedit) und dynamische (Logicaledit) Veränderungen zu variieren. Die Melodie kann transponiert oder rückläufig fortschreitend abgespielt werden. Steht ein Zufallsgenerator zur Verfügung, können aus dem vorhandenen Tonmaterial neue Melodien gebildet werden.

101 KOCHBECK hat dafür Unterrichtseinheiten mit eigener Software entwickelt, die das computergestützte Komponieren eines Kanons, das Arrangieren eines Blues, das Orchestrieren eines Musikstücks und das Spiel mit neuer Musik ermöglicht. dazu. WALTER A. KOCHBECK, Computer im Musikunterricht, Regensburg 1990.

102 GUTZER und RÄTZ haben dafür ein musikalisches Würfelspiel entwickelt, mit dem ein Walzer aus seinen Bestandteilen "zusammengewürfelt" wird. Als musikalische Grundlage dient dazu die Mozart zugeschriebene und 1793 erschienene "Anleitung Walzer oder Schleifer mit zwei Würfeln zu componiren, soviel man will, ohne etwas von Musik oder Composition zu verstehen" (KV 298d).
GUTZER, HANNES, RÄTZ, MARTIN, Der musizierende Würfelknecht, Musikalische Würfelspiele - eine Unterrichtseinheit zur informativen Bildung, in. LOG IN 11 (1991) H. 5, S. 22 ff.

richtung auf die Arbeit mit Pattern, die in der Playlist zusammengesetzt werden können, als besonders für den Bereich Pop- und Rockmusik geeignet.[104]

Stroh hat für seine speziellen MIDI-Experimente sogar eine eigene Software entwickelt, die sich vom Anwender durch Programmierung für den individuellen Bedarf ausbauen läßt.

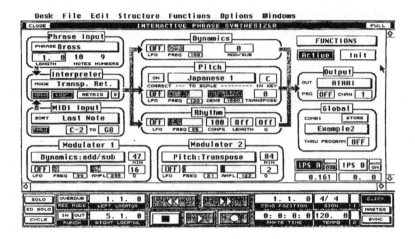

Interactive Phrase Synthesizer (Cubase)

Mit dem im Cubase integrierten Interactive Phrase Synthesizer lassen sich die Klänge und Töne einer musikalischen Phrase ähnlich wie mit einem analogen Synthesizer bearbeiten. Die Phrase kann moduliert, skalenkorrigiert und variiert werden. Dafür stehen 20 verschiedene Tonskalen zur Verfügung.

---

103   hierzu. MARTIN STROH, MIDI-Experimente und algorithmisches Komponieren, Berlin 1991
104   KNOLLE, NILS, Neue Musiktechnologien und Musikunterricht - Information und Materialien zum computergestützten Musikmachen, Oldenburger Vor-Drucke, Hrsg. Universität Oldenburg, Oldenburg 1991.

3.1.5. Bereich Akustik

Für die Darstellung und Untersuchung psychoakustischer Phänomene eignet sich die Editorensoftware, mit denen die verschiedenartigen Klangsynthesen visuell unterstützt durchgeführt werden können. Mit der in Kurven dargestellten ADSR-Kurve[105] lassen sich die verschiedenen Ein- und Ausschwingphasen, die für den Klangverlauf bestimmter Instrumente charakteristisch sind, nachformen und manipulieren.

Mit Hilfe der verschiedenen Wellenformen können charakteristische Klangfarben erstellt und mit Filtern in ihrem Obertongehalt bearbeitet und beeinflußt werden.

Umgekehrt können mit dem Sampler aufgenommene Naturklänge (akustische Instrumente, Alltagsgeräusche etc.) auf ihre Struktur hin untersucht und verändert werden.[106]

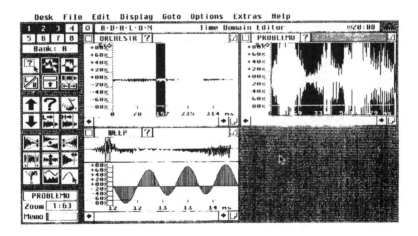

Time Domain Editor von Avalon (Steinberg) (zur Bearbeitung von Zeitverläufen von Samples)

---

105 Attack-Decay-Sustain-Release, siehe Glossar
106 in diesem Zusammenhang ist darauf hinzuweisen, daß die Sampleeditiersoftware Avalon von Steinberg die Frequenzspektren sogar dreidimensional darstellt.

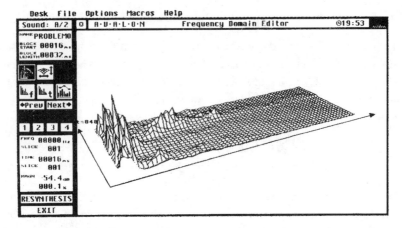

Frequency Domain Editor von Avalon (Steinberg) (zur Bearbeitung der Obertöne von Samples)

Ebenso lassen sich andere Klangverfremdungen wie Echo,[107] Chorus[108] und Raumsimulationen mit Editorensoftware grafisch darstellen.[109]

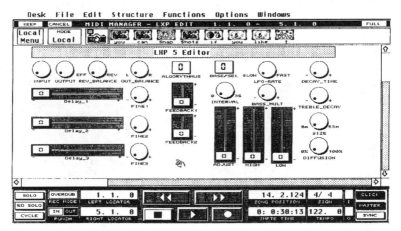

LPX 5 Editor (Steinberg)
(für Lexicon-Effektgerät)

---

107 hierzu. STROH, WOLFGANG MARTIN, Anregungen zum Musizieren im MIDI-Verbund (Teil 2). Das Programm "parametric MIDI Delay". Populäre Musik im Unterricht, H. 19/Nov. 1988, S. 24 ff.
108 z.B. mit dem Cubase integrierten MIDI-Prozessor.
109 Einfache Echos lassen sich mit jedem Sequenzer erzeugen, indem man eine Spur kopiert und die Kopie zum Original zeitverzögert abspielt.

Es ist mit diesen genannten Editoren also möglich, die Entstehung und Wirkung von Klängen in ihrem Beziehungsgeflecht vielfältiger Parameter visuell unterstützt und akustisch nachvollziehbar darzulegen.

Andere Unterrichtsgegenstände können dagegen mit der Software von Arbus[110] und Stroh[111] behandelt werden. Mit dem SWING-Programm von Arbus lassen sich harmonische Schwingungen und Überlagerungen grafisch und akustisch darstellen sowie experimentell manipulieren.

Mit der Software von Stroh lassen sich Feinstimmungen erzeugen, indem die Oktave in 1200 Cent oder 1024 Microschritte eingeteilt wird. Die Erstellung eigener experimenteller Skalen in Viertel-, Achteltonschritte oder die Aufteilung der Oktave in 13 gleiche Teile ist möglich. Dadurch können auch ethnologische Stimmungen nachgeahmt werden.[112] Mit dieser Software lassen sich im Unterricht Begriffe wie 'Stimmung', 'Frequenz' und 'Intervall' erarbeitetn und die Probleme der verschiedenen Instrumentenstimmungen demonstrieren und diskutieren.

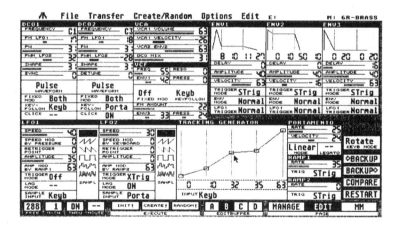

Editor zur Klangsynthese (für Oberheim Matrix 1000 von C-LAB)

---

110 Arbeitsgruppe Unterrichtssoftware, Software SWING, Hrsg. Senator für Schulwesen, Berufsbildung und Sport IIIB3 - Landesbildstelle Berlin.
111 STROH, MARTIN, MIDI-Experimente und Algorithmisches Komponieren, Bd. 2, Berlin 1990.
112 Hierfür bietet sich das von STROH entwickelte Microtunings-Programm an, daß 84 verschiedene Stimmungen realisiert. Es wird herausgegeben von MIDI-Systems Geerdes, Berlin.

Alle obengenannten Programme dienen hauptsächlich der musiktheoretischen Demonstration, in Kleingruppen und im Projekt- und AG-Bereich, können aber auch für ausgedehnte Tonexperimente genutzt werden.

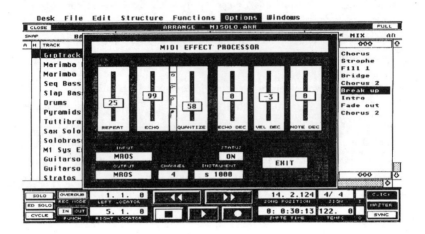

MIDI Effect Processor (Cubase)

3.1.6. Interdisziplinäre Anwendungsbereiche

a) Malen und Zeichnen

Für die Kooperation mit dem Fach Bildende Kunst läßt sich spezielle Grafiksoftware einsetzen.

Die musikalischen Mal- und Zeichenprogramme stellen im Prinzip eine Erweiterung der grafischen Darstellungsmöglichkeiten musikalischer Programme, wie sie von den Editoren (in Form von Balken- und Kurvendiagrammen) bereits bekannt sind, dar. Sie bieten neben dem spielerischen Umgang mit Musik, die Möglichkeit der grafischen Notation. Die Besonderheit dieser Programme liegt jedoch nicht im Umsetzen eines fertigen Bildes in musikalische Parameter, sondern im musikalischen Nachvollzug des Zeichnens. D.h., der Zeichenvorgang wird Schritt für Schritt nachvollzogen. Dafür können verschiedene musikalische Maßgaben (z.B. welche Tonart verwendet werden soll) programmiert werden.[113]

Mit einem einfachen Trick ist auch die musikalische Interpretation bereits vorhandener Grafiken möglich: Eine Grafik kann auf Folie gezogen, auf den Monitor gelegt und dann mit der Maus nachgezeichnet werden.

b) Filmmusik

Mit entsprechender Peripherie ausgerüstet, lassen sich Videovertonungen mit selbsterstellter Musik vornehmen, wie sie in dieser klanglichen Qualität und technischen Perfektion (Cubase und Notator können den SMPTE-Code lesen und zeitgenau synchronisieren) vorher nicht möglich war. Die Schüler können damit die dramaturgisch wirkende Wechselbeziehung zwischen Visuellem und Akustischem erkunden und die verschiedenen kompositorischen Konzepte (illustrierende-, kontrastierende- und psychologisierende Musik) praktisch einsetzen.

c) Musikproduktion

Mit dem Erstellen einer kompletten Musikproduktion lassen sich industrielle Fertigungsverfahren nachvollziehen, was die Anbindung sozialkundlicher Themen gestattet (z.B.: Welche Veränderungen zieht der Einsatz der 'Neuen Technologien' für die Arbeitswelt der Musiker nach sich?).

Abschließend sei erwähnt, daß die genannten Anwendungsbereiche nur einen Ausschnitt der denkbaren Einsatzmöglichkeiten darstellen. Der Phantasie des einzelnen Benutzers beim Einsatz des Equipments im Unterricht sind keine Grenzen gesetzt. So kann allein eine bestimmte Kombination einzelner Medien die Palette der Einsatzmöglichkeiten in den verschiedenen Anwendungsbereichen um ein Vielfaches erweitern.

---

113   Ein recht ausgereiftes Programm stellt der Kandinsky Musik Painter der Berliner Firma Soft Arts dar. Auch MARTIN STROH bietet zu diesem Thema entsprechende Software. MIDI-Experimente und Algorithmisches Komponieren, Berlin 1990, S. 114 ff.

3.2. Die Voraussetzungen für den Einsatz des Homerecordingequipments in der Berliner Schule

3.2.1. Der Rahmenplan

Auch wenn der "Vorläufige Rahmenplan für Unterricht und Erziehung in der Berliner Schule"[114] für die Klassen 7 bis 10, die Möglichkeit des Einsatzes der 'Neuen Technologien' im Unterricht noch nicht ausdrücklich erwähnt, ist ihr Einsatz durch die genannten Lernziele gerechtfertigt.

Für alle Klassenstufen sind Lernziele vorgegeben, für deren Erreichung diese neuen Medien hilfreich sein können. Allein im Abschnitt "Historischer Aspekt" wird gefordert:

- *"mit technischen Medien umgehen"*, (Lernziele Kl. 7);
- *"die Entwicklung technischer Möglichkeiten bei der Musikproduktion beschreiben"*, (Lernziele Kl. 8);
- *"Tonbandaufnahmen durch Manipulation der Tonträger und der Geräte verfremden"*, (Lernziele Kl. 9);
- *"Komponieren, Musizieren und Arrangieren als subjektiv und historisch bedingten Vorgang erkennen; sie kennen den Zusammenhang zwischen Musik und der Entwicklung des jeweiligen Instrumentariums"*, (Lernziele Kl. 10).

Auch im Bereich der gesellschaftlichen-, strukturellen und formalen Aspekte und den dazu genannten Lerninhalten fordert der Rahmenplan den Einsatz der neuen Medien mit ihren Möglichkeiten geradezu heraus.

3.2.2. Die Bildungs- und Informationsmöglichkeiten für den Berliner Lehrer

3.2.2.1. Arbeitsgruppe Unterrichtssoftware (Arbus)

Die Arbeitsgruppe Unterrichtssoftware besteht aus Lehrern verschiedener Fächer und Schularten und arbeitet seit 1886 an der Landesbildstelle Berlin. Die Arbeitsgruppe sichtet und sammelt Software unter didaktischen, methodischen und programmtech-

---

114 Hrsg.. Senator für Schulwesen, Jugend und Sport, Vorläufiger Rahmenplan für Unterricht und Erziehung in der Berliner Schule. Fach Musik, Berlin 1990.

nischen Gesichtspunkten und informiert Lehrer über den Einsatz von Computerhard- und Software im Unterricht.

Speziell dafür wurde der "Berliner Bewertungsbogen" entwickelt,[115] der den Nutzern alle wichtigen Angaben zum Programm sowie seiner didaktischen Einsatzmöglichkeiten geben soll.

Der Bewertungsbogen ist hierfür in drei Felder eingeteilt:

- Allgemeine Angaben: Rahmenplan, Rechneraustattung, Kommentarsprache, Kopiererlaubnis, Begleitmaterial etc.
- Programmtechnische Beurteilung: Verhalten bei Bedienungsfehlern, Qualität der Hilfsfunktionen, Steuerbarkeit des Programmablaufs, Qualität der Grafik, Qualität der Beschriftung, Technische Vorkenntnisse, Druckerunterstützung;
- Didaktische Beurteilung: Fachdidaktischer Standard, Vergleich mit anderen Medien, Anpassung an verschiedene Unterrichtssituationen, Aktivierung der Schüler, Zielgerichtete Darstellung.

Im Fachbereich Musik umfaßt die Software Bank die wichtigsten Sequenzerprogramme (Twenty Four; Creator etc.) und eine Reihe von Gehörbildungs- und Harmonielehreprogrammen. Da die meisten Programme aus urheberrechtlichen Gründen nicht ausgeliehen oder kopiert werden dürfen und nur in den Räumen der Landesbildstelle von den Lehrern getestet werden dürfen, arbeitet die Arbeitsgruppe auch an eigener Software. So wurde das Programm SWING entwickelt, das Schwingungen graphisch darstellt und mit dem beispielsweise harmonische Überlagerungen demonstriert werden können.

3.2.2.2. Musikanwendung in der Datentechnik Initiative (MIDI) e.V.

Die MIDI e.V.[116] ist ein Verein von und für Musiker. Angeboten werden der Erfahrungsaustausch zwischen MIDI-Anwendern, der Austausch von Daten im Mailboxsystem (per Telefon können Sounds oder MIDI-Programme verschickt werden), Seminare für Anfänger und Fortgeschrittene sowie die Zeitschrift "BITS & MUSIC".

---

115 Hrsg.. Senator für Schulwesen, Berufsbildung und Sport IIIB3 - Landesbildstelle Berlin, Der Computer im Fachunterricht der Berliner Schule, Berlin 1988
116 Musikanwendung in der Datentechnik Initiative (MIDI) e.V., Postfach 440308, 1000 Berlin 44.

3.2.2.3. Musikschulen

Die Arbeit mit dem Homerecordingequipment hat in den zwölf Westberliner Musikschulen wenig Eingang gefunden. Nur zwei Schulen (Wedding und Neukölln) bieten Kurse zum Thema MIDI und Arbeitsmöglichkeiten im Tonstudio an. Zwar besitzt die Musikschule Wilmersdorf ein sehr gut ausgestattetes Tonstudio, es ist jedoch nicht für Übungszwecke, sondern nur für Aufnahmen vorgesehen.

3.2.2.4. Musikgeschäfte

Angesichts der zunehmenden Technisierung und des immer umfangreicher werdenden elektronischen Geräteparks, sind auch die Musikgeschäfte zu einer Spezialisierung gezwungen. Im größten Berliner Musikfachgeschäft "Sound & Drumland" ist man dazu übergegangen, einzelne Abteilungen wie das "P.A. - und Recordingland", "Keyboardland", "Guitarland", "Drumland", "Bläserland" und "Serviceland" einzurichten.

Trotzdem sind die Fachverkäufer in den Bereichen Keyboards, Studioelektronik und Software überfordert. Sie können die täglich auf den Markt flutenden Neuheiten weder in ihren für die Musiker so wichtigen technischen Details noch in all ihren Anwendungsmöglichkeiten kennen. Fachberatungen erfolgen aus Zeitgründen häufig nur punktuell, so daß dem Käufer damit recht wenig gedient ist.

Ob beispielsweise ein Sequenzerprogramm oder ein Synthesizer verständlich und handhabbar und für die speziellen Zwecke des Käufers wirklich brauchbar ist, wird er erst nach dem Kauf und nach längerem Arbeiten damit erfahren. Teure Fehlkäufe sind nicht ausgeschlossen.

3.2.2.5. Workshops

Die von den Musikinstrumentenherstellern meist in Zusammenarbeit mit Musikgeschäften angebotenen Workshops entpuppen sich in der Regel als reine Verkaufsshows: Die Geräte oder Instrumente werden von Profimusikern in beeindruckender Weise und größter Perfektion dargeboten - Vergleichsmöglichkeiten fehlen völlig. Das Angebot im instrumentalen Bereich ist als unzureichend zu bezeichnen. Während die Berliner Firma CYBORG noch im Jahre 1983 Workshops zur Klangsynthese (Werbeslogan: "Beherrsche deinen Synthi, bevor er dich beherrscht") und zum Umgang mit Synthesizern durchführte, werden heute in Berlin in dieser Richtung keine Angebote mehr gemacht.

Im Bereich der Sequenzer und MIDI-Systeme sieht es besser aus. Bereits im Sommerhalbjahr 1990 wurden in der Fort- und Weiterbildung für Pädagoginnen und Pädagogen Kurse angeboten, die sich mit dem Einsatz des Computers im Musikunterricht[117] beschäftigen.

Der Arbeitskreis für Schulmusik und allgemeine Musikpädagogik e.V. bot im Sommerhalbjahr 1990 ebenfalls Kurse über "Computer als Hilfe bei der Unterrichtsvorbereitung des Musiklehrers" und "Atari/Notator für Fortgeschrittene" an.

Sinnvoll ist auch der Besuch des "Musiklabors" von Eckehard Arnold, der in Kleingruppen Einführungs-, Aufbau und Spezialschulungen mit dem Ziel der musikpädagogischen Computeranwendung durchführt. Beraten wird auch bei der Anschaffungsplanung, Einrichtung und Softwareauswahl.

Das von Christina Perincoli und Cillie Rentmeister geleitete Modellprojekt "Auge und Ohr - Computer und Kreativität" im "Wannseeheim für Jugendarbeit Berlin e.V." führt im Rahmen von Frauen- und Mädchenbildung regelmäßig Workshops mit wechselnden Schwerpunkten, z.B. Computer-Musik, -Animation, -Grafik und Video durch.

3.2.2.6. Bücher

Zu dem Gebiet Homerecording gibt es einige einführende und Überblick gewährende Fachliteratur, die dem Lehrer als Orientierungshilfe dienen kann.[118] Reine Nachschlagewerke für den nichtprofessionellen Anwender gibt es dagegen wenige.[119]

---

117 SENATSVERWALTUNG FÜR SCHULE, BERUFSBILDUNG UND SPORT (Hrsg.), Fort- und Weiterbildung für Pädagoginnen und Pädagogen, Berlin 1990, Kurse 1830/1831/1832
118 GORGES, P. und MERCK, A., Keyboards MIDI-Homerecording, München 1989.
BECKER, M. (u.a.), Recording für Musiker, Köln 1988-
KEUSGEN, K.D. und BURSCH, P., Home Recording, Bonn 1988.
119 ENDERS, B., Lexikon der Musik-Elektronik, München 1988.
EIMERT, H. und HUMPERT, H.U., Das Lexikon der elektronischen Musik, Regensburg 1986.

Dem professionellen Anwender steht ein großes Literaturangebot zur Verfügung, das auch den Laien bei besonderen Fragen hilfreich unterstützt.[120] Für spezielle Themenkreise wie Effekte,[121] Arbeit mit der Bandmaschine,[122] Akustik[123] und Mikrofon-Aufnahmetechnik[124] gibt es ein vielfältiges Angebot. Im Bereich MIDI wächst die Zahl brauchbarer Publikationen.[125]

In diesem Zusammenhang sei vor allem auf das von Aicher[126] herausgegebene "MIDI Praxisbuch" verwiesen, das als das Standardwerk schlechthin gilt. Sein verständlich geschriebenes Buch führt vom Einstieg bis zur professionellen Arbeit und kann auch als gut gegliedertes Nachschlagewerk benutzt werden.

3.2.2.7. Zeitschriften

Den großen Informationsbedürfnissen der Musiker widmen sich in zunehmendem Maße Zeitschriften. Im deutschsprachigen Raum erhielten dabei zwei Zeitschriften[127] besondere Bedeutung: "KEYBOARDS", Zeitschrift für Tasteninstrumente und Heimstudio und "KEYS", Magazin für Keyboard, Computer & Recording.

"KEYBOARDS" erscheint monatlich. Es konzentriert sich auf Testberichte aktueller Neuerscheinungen und führt Workshops zu Themen aus dem Bereich Homerecording durch. Alle Informationen sind leicht verständlich geschrieben und sowohl für Amateure als auch für Profimusiker geeignet. Für Einsteiger gibt es besondere

---

120 DICKREITER, M., Handbuch der Tonstudiotechnik, München 1987.
  ANDERTON, C., Home-Recording for Musicians, London 1986.
  BORWICK, J., Sound Recording Practice, Oxford 1987.
  GODIJIN, H., Elektronik in der Popmusik, München 1980.
  JECKLIN, J., Musikaufnahmen, München 1980.
  MILLER, F., Studio Recording for Musicians, New York 1981.
  WORAM, J., The Recording Studio Handbook, New York 1981.
121 ANDERTON, C., The Digital Delay Handbook, New York 1985.
  HÖRMANN, K. und KAISER, M., Effekte in der Rock- und Popmusik, Regensburg 1982.
122 BLUTHARD, H., 50 Experimente mit Tonband und Cassette, Stuttgart 1983.
  KEANE, D., Tape Music Composition, Oxford 1980.
123 BRÜDERLIN, R., Akustik für Musiker, Regensburg 1986.
124 ZIERENBERG, G., Mikrophone, Ibbenbühren 1988.
125 AICHER, R., Da steckt Musik drin, München 1987.
126 AICHER, R., Das MIDI Praxisbuch, München 1988, 3. Aufl.
127 KEYBOARDS, Homerecording & Computer. Zeitschrift für Tasteninstrumente und Heimstudio. MM-Musik-Media-Verlag GmbH Augsburg. Keys, Magazin für Keyboard, Computer & Recording, PPV Presse Projekt Verlags GmbH München.

Workshops; häufig werden am Schluß der Testberichte komplizierte technische Fachbegriffe für den Laien erklärt.

Bezüglich der Testberichte, die von kompetenten Autoren wie Aicher, Gorges, Merck, Becker u.a. durchgeführt werden, darf man sich allerdings nicht darüber hinwegtäuschen, daß sie auch der Verkaufsförderung dienen. Dennoch: die technischen Daten sprechen für sich und geben die Möglichkeit zum Vergleich. Auch die Autoren selbst betonen immer wieder die Subjektivität von Klangeindrücken und weisen den Leser daraufhin, daß die Beurteilung eines Instrumentes oder Gerätes letztendlich von den individuellen Belangen des Musikers abhängt.

Die Zeitschrift "KEYS" wendet sich in jeder der in Abständen von zwei Monaten erscheinenden Ausgabe sehr ausführlich und umfassend einem spezifischen Thema aus dem Bereich Homerecording und Computer zu. Dabei werden nicht nur die technischen Aspekte in den Beiträgen verschiedener Autoren beleuchtet, sondern auch kontroverse und kritische Diskussionen geführt, Hintergründe erhellt, oder Versuche unternommen neue, Perspektiven zu entwickeln.

Beide oben genannten Zeitschriften bieten eine solche Fülle verläßlicher Testberichte, Marktübersichten, technischer und musikkundlicher Informationen auf dem neuesten und aktuellsten Stand, daß sie die wesentlichsten Informationsquellen im Bereich Homerecording darstellen.

Außer den beiden genannten Zeitschriften gibt es noch andere Fachblätter für Musiker.[128] Diese Zeitschriften versuchen aber, alle Musiker und Musikbereiche anzusprechen, so daß die Informationen für den Bereich Homerecording und Computer sehr dürftig und oberflächlich sind. Die Zeitschrift "MUSIK PRODUKTIV'S SOLO" ist eine Zeitschrift, die nur auf Verkaufsförderung ausgerichtet ist; die Firma Musik Produktiv gehört zu den führenden Musikalienhändlern Deutschlands.

3.2.3. Die aktuelle Haushaltslage der Schulämter

Für die anstehenden Ausgaben des Senats von Berlin fehlen im laufenden Haushaltsjahr 6,5 Milliarden DM. Deshalb sind Einsparungen von ca. 870 Millionen DM

---

128 FACHBLATT MUSIKMAGAZIN, SZV Spezial-Zeitschriftengesellschaft mbH & Co. Verlag KG, München. Soundcheck, PPV Presse Projekt Verlags GmbH, München. Musik Produktiv's Solo, MP-Solo, Ibbenbühren.

bei den Hauptverwaltungen sowie 250 Millionen DM bei den Bezirksverwaltungen vorgesehen. Woher die restlichen 5 Milliarden DM kommen sollen, bleibt unklar, denn Bonn hat die Begleichung der Deckungslücke abgelehnt.

Für den Schulbezirk Neukölln bedeutet das folgende Kürzungen:[129]

30 Millionen DM werden aus dem Etat gestrichen, was ca. 20 % des ursprünglichen Haushaltsetats entspricht. Im Schulbereich betragen die Kürzungen lediglich 2,16 Millionen DM, das entspricht ca. 7,5 % des vorherigen Etats. Da im Bereich der Unterhaltungskosten aber keine Einsparungen möglich sind, muß ein Großteil über Einsparungen bei den Lehr- und Lernmitteln erbracht werden. Die Mittel für Neuanschaffungen sind also um ca. 25 % gekürzt. Für meine Schule (6. OH Neukölln) hatte dies bereits konkrete Folgen. Die für das laufende Haushaltsjahr fest zugesagte Einrichtung und Ausstattung eines Computerraumes für die informationstechnische Grundbildung wurde gestrichen.

3.2.4. Primärstatistische Erhebung über die schulischen Voraussetzungen am Beispiel des Schulbezirks Berlin-Neukölln

Um zu Erkunden, in wieweit das Homerecordingequipment in der heutigen Schule vorhanden ist und Einsatz findet, führte ich 1991 eine primärstatistische Umfrage an Schulen des Berliner Bezirks Neukölln durch. Neukölln ist der größte Westberliner Schulbezirk mit ca. 32.000 Schülern und 70 öffentlichen Schulen. Ca. 11.000 Schüler besuchen die 20 allgemeinbildenden Schulen (Haupt-, Real- und Gesamtschulen, Gymnasien).[130]

Von 20 verschickten Fragebögen wurden 15 beantwortet. Die Zusammensetzung der antwortenden Schulen (4 Hauptschulen, 3 Realschulen, 4 Gymnasien, 4 Gesamtschulen) entspricht der Zusammensetzung der allgemeinbildenden Schulen im Bezirk.

Das besondere Interesse der Untersuchung galt den Fragen:

- Welches Equipment ist an den Schulen vorhanden?

---

129 siehe: GEW BERLIN, Neuköllner Bezirksinfo, März 1991, S. 3
130 Neuköllner Schulen informieren, (Hg) Bezirksamt Neukölln von Berlin, Abt. Volksbildung - Schulamt -, Berlin 1989, S. 3.

- Für welche Bereiche wird das Homerecordingequipment im Unterricht genutzt?
- Welche praktischen Erfahrungen verbinden die Pädagogen in ihrer Arbeit damit?
- Welche spezifischen Probleme sehen die Pädagogen beim Einsatz des Equipments im Unterricht?

II. Der Bestand an 'Neuen Technologien'

	Hauptschulen	Realschulen	Gymnasien	Gesamtschulen
Synthesizer	2	-5	5	5
Sampler	1	-	-	-
Sonstige Keyboards	1	11	22	60
Drumcomputer	-	-	-	1
Computer	-	-	1	1
Software	-	-	2	3
Mehrspurrecorder	1	-	2	1
Mixer	1	-	3	6
Effektgeräte	1	-	-	7
Minikeyboards	10	-	-	32

Inwieweit es sich in der Rubrik "sonstige Keyboards" um ein Mini-Keyboard oder um normale großtastige Keyboards handelt, wurde nicht präzise angegeben.

III. Einsatzbereiche von 'Neuen Technologien'

Auf die Frage "In welchen Bereichen setzen Sie 'Neue Technologien' ein? wurden folgende Bereiche genannt:

Gehörbildung	3
Harmonielehre	2
Werkanalyse	1
Kompositions-/Arrangierübungen	5
Demonstration computergestützten Musizierweisen	2
Klassenmusizieren	
mit computergesteuerten Mitspielplätzen	3
mit Keyboardensembles	6
Musikproduktionen	
im Klassenverband	3
in AG's	7
im Einzelunterricht	1
im Leistungskurs	1

IV. Gründe für den Nichteinsatz von 'Neuen Technologien'

Auf die Frage "Warum setzen Sie keine 'Neuen Technologien' ein?" wurden folgende Gründe genannt:

	Hauptschule	Realschule	Gymnasium	Gesamtschule
- keine Mittel zur Verfügung	2	2	2	-
- das herkömmliche Instrumentarium muß zuerst komplettiert werden	1	1	1	1
- keine entsprechenden Räumlichkeiten zur Verfügung	1	2	1	-
- zu großer technischer Aufwand - zu geringe pädagogischer Ergebnisse	-	-	2	1
- technischer Aufwand lenkt von musikalischen Inhalten ab	-	-	-	-
- Unterrichtsziele können mit herkömmlichen Medien genauso gut erreicht werden	-	1	-	1
- zu wenig technische Vorkenntnisse beim Lehrer	1	1	-	1
- zu wenig didaktisch-methodische Handreichungen vorhanden	1	1	2	-
- "Neue Technologien" sind für den Einsatz im Unterricht noch nicht genügend ausgereift: Ausrichtung auf musikpädagogische Ziele	-	-	-	-
- Handhabbarkeit	-	-	-	1

Auswertung

Die Erhebung ergab folgende Ergebnisse:

- Die Ausstattung der Fachbereiche Musik besteht nach wie vor vorwiegend aus traditionellen Medien. Fünf Schulen verfügen zusätzlich über elektronische Musikinstrumente.
- Nur knapp zwei Drittel der Schulen konnten die Fragen nach ausreichender Grundausstattung mit herkömmlichen Medien mit "Ja" beantworten.
- Alle Fachbereiche verfügen über einen eigenen Fachraum. Nur fünf Schulen hätten eine weiteren Raum für die Einrichtung eines Tonstudios zur Verfügung.
- Die 'Neuen Technologien' haben keinen Einzug in die Schulen gehalten.
- Die Fragen nach den Gründen für den Nichteinsatz von 'Neuen Technologien' wurden auffallend selten beantwortet. Es kann daher vermutet werden, daß die Kenntnisse über die spezifischen Probleme im Unterrichtseinsatz noch nicht ausgeprägt sind.
- In den Schulen, die über 'Neue Technologien' verfügen, werden sie für Kompositions- und Arrangierübungen eingesetzt, Musikproduktionen finden vorwiegend in Arbeitsgemeinschaften statt.
- Die Fachbereiche, die 'Neue Technologien' einsetzen, hatten folgende spezifische Probleme damit:
- zu kompliziert und aufwendig;
- moderne Studiotechnik ist für kleine Produktionsteams konzipiert und nicht für Schulklassen;
- Equipmenttechnik ist zu empfindlich;
- zuviel Aufwand beim Auf- und Abbau;
- es wird zu viel gestohlen;
- große Probleme bei der Vernetzung des Equipments;
- für Hörerziehung und Analyse zu teuer und zu uneffektiv;
- 'Neue Technologien' sind nur sinnvoll, wenn daraus handlungsorientierter Unterricht entwickelt werden kann.

4. Zur Kritik des Einsatzes von Homerecordingequipment im Unterricht

4.1. Didaktische Aspekte der Rock- und Popmusik

Zu Beginn der 70ziger Jahre begann die Diskussion um eine Didaktik der Rock- und Popmusik. Aus dem vorher verwendeten Begriff der Popularmusik, mit dem die Unterhaltungsmusik schlechthin umrissen wurde (Rebscher),[1] kristallisierten sich im Laufe der Zeit die Begriffe Rock- und Popmusik heraus. Sie wurden allerdings in der didaktischen Diskussion weiterhin noch lange als Unterbegriffe der Populären Musik benutzt und unterschiedlich definiert.[2]

Die Schwierigkeit der begrifflichen Bestimmung ist umso erstaunlicher, als den Pädagogen die verschiedenen Musikstile, Rock'n Roll- und Beatmusik sowie Blues und Jazz, nicht unbekannt waren, denn die musikpädagogische Auseinandersetzung damit hatte schon immer stattgefunden.[3] Die Verbindung der Rockmusik mit der subkulturellen und politischen Jugendbewegung der späten 60ziger Jahre rief bei den Pädagogen allerdings Bewertungen hervor, die heute seltsam verschroben anmuten. Rebscher[4] sah von der Rockmusik eine verderbende Wirkung auf Jugendliche ausgehen, denn es artikulierten sich *"... erotisch aufgeladene Jugendliche ... nicht selten in Schreien und ekstatischen Gebärden oder entladen sich in Einzel-, Paar- und Gruppentanz"*.[5] Wiechel[6] sah dagegen die Gefahr in der *"kognitiven Selbstauslöschung"* der Jugendlichen und Rauhe[7] fürchtete die *"Normierung der Gefühlswelt"*, *"Entfremdung von der Wirklichkeit"*, *"Förderung der passiven Konsumhaltung"*, *"Verleiten zur Oberflächlichkeit"* und *"Einengung des Musiklebens"*. Finger[8] überließ die Beurteilung des *"Phänomens"* Rockmusik gleich der Zukunft:

"Pop-Musik - ich überlasse es mit gutem Gewissen einer späteren Zeit, über das ästhetische und geistige Niveau der sich karnickelhaft vermehrenden kulturellen Äußerungen unserer Epoche zu Gericht zu sitzen ...".

---

1 REBSCHER, G., Materialien zum Unterricht in Popularmusik, Bd. 1, 1973
2 WIECHEL unterschied durch Groß- und Kleinschreibung: "pop" = "populäre Musik", "Pop" = Rockmusik, in: HARTWICH-WIECHEL Pop-Musik, Köln 1974, S. 6
3 siehe dazu KNOLLE, NILS, Populäre Musik als Problem von Freizeit und Unterricht, Oldenburg 1979.
4 ders. S. 59
5 ders.
6 HARTWICH-WIECHEL, DÖRTE, Didaktik und Methodik der Popmusik, Frankfurt a.M 1975, S. 7.
7 RAUHE, HERMANN, Schlager - Beat - Folklore im Unterricht, in: Didaktik der Musik, 1967, S. 66.
8 FINGER, HILDEGARD, 1981, S. 184

Der immer größeren Rolle, die die Rockmusik im Leben der Jugendlichen spielte, sollte begegnet werden. Schütz weist in diesem Zusammenhang daraufhin, daß die Rockmusik ein Gegengewicht zur schulischen und beruflichen Realität schuf.[9]

Die Pädagogen, in deren Bewußtsein die strikte Trennung von U- und E-Musik als "guter" und "schlechter" Musik vorherrschte, taten sich schwer, sich der Rockmusik zu nähern. Sie verfügten dafür nur über die ästhetischen Kriterien, musiktheoretischen Begriffe und Analysemethoden der europäische Kunstmusik.[10] Die Versuche neue Kriterien zu entwickeln, beschreibt Niermann:[11]

> *"Angesichts der Unergiebigkeit dieser Kriterien wurden teilweise neu, ebenfalls am Ideal der Klassischen Musik orientierte Analysemethoden entwickelt, um die Rockmusik im Hinblick auf den Unterricht wissenschaftlich beschreiben und begreifen zu können, so beispielsweise die mehrfach modifizierte Komponententheorie oder die rechnerische 'Ermittlung der harmonischen und der melodischen Informationsdichte sowie der Ereignisdichte'."*[12]

Die ersten Versuche, sich dem Gegenstand didaktisch zu nähern, waren zum Teil ebenso fragwürdig und bezeugen, wie fremd man der Rockmusik gegenüberstand. Rebscher[13] sah z.B. *"... die Popularmusik im besonderen Maße dazu geeignet, ökonomische Mechanismen und damit verschiedene Manipulationen zu erkennen, denen der Jugendliche in unserer heutigen Gesellschaft ausgeliefert ist."*

Richter[14] hoffte gar durch die Behandlung von Rockmusik im Unterricht zur Kunstmusik zu gelangen: *"Möglich, daß intensive und aspektreiche Beschäftigung mit Rockmusik die Augen, die Ohren und das Verständnis für Beethoven öffnet ..."*

Heute ist die Einbeziehung von Rockmusik in den Musikunterricht nichts ungewöhnliches mehr. Das liegt nicht nur an dem Generationswechsel (viele Musiklehrer spielten, oder spielen selbst Rockmusik), sondern auch an der Erarbeitung neuer pädagogischer Konzepte, die im Rahmen von handlungsorientiertem Unterricht neue

---

9   vergl. SCHÜTZ, VOLKER, Rockmusik - eine Herausforderung für Schüler und Lehrer, Oldenburg 1982, S. 60.
10   KNEIF weist darauf hin, das die Bildung musikalischer Begriffe im Rockbereich durch das Fehlen einer einheitlichen rockmusikalischen Terminologie weitgehend verhindert wird. Vergl. KNEIF, TIBOR, Sachlexikon Rockmusik, 1978, S. 244 f.
11   NIERMANN, FRANZ, Rockmusik und Unterricht, Stuttgart 1987, S. 12 ff.
12   vgl. RAUHE 1974, S. 17 ff. WIECHELL 1974, S. 119, ferner BRAHA, LIVIU VON, Die Aufbereitung von Rockmusik - Empirische und kritische Untersuchung zur Komponententheorie, S. 15 ff Berlin 1980 (Dissertation; veröff.: Phänomene der Rockmusik, Wilhelmshaven 1983).
13   REBSCHER, G., 1973, S. 63.

Lösungen suchen.[15] Das Thema Rock- und Popmusik hat zudem in allen Lehrbüchern Eingang gefunden und wird in unterschiedlicher Weise und Intensität behandelt. Auch das Angebot für andere Unterrichtsmaterialien hat sich wesentlich verbessert, z.B. die vom "Institut für Didaktik der populären Musik" herausgegeben "Grünen Hefte", die didaktische aufbereitete Transkriptionen und 'Spiel-Mit-Sätze' bekannter Popsongs anbieten.

Auch schulische Projekte, wie das von Gruska[16] durchgeführte, haben wesentlich dazu beigetragen, eine Verbindung von Schule und populärer Musik herzustellen. Der in Berlin-Neukölln durchgeführte Modellversuch "Künstler-Lehrer-Schüler" verfolgte mehrere Ziele:

- Die Ausbildung von musikalischen Qualitäten erfolgt durch aktives Tun. Unter besonderer Berücksichtigung der Prägung der musikalischen Sozialisation der Schüler und ihrer Erwartungshaltung (Bevorzugung von U-Musik), sollte ihnen durch handlungsorientierten Unterricht der Anreiz zu eigener musikalischer Tätigkeit gegeben werden.

- Dafür wurden in das Lehrerkollegium Künstler integriert, die vor allem auf dem Gebiet der U-Musik Kompetenz besitzen. Lehrer, die durch ihre an der Kunstmusik orientierte Ausbildung oft Berührungsängste gegenüber der U-Musik haben, sollten mit ihr besser vertraut gemacht werden.

- Die Berücksichtigung der Veranlagung der Schülerpersönlichkeiten sollte durch Eingliederung in die Differenzierungsgruppen einen optimalen Lernerfolg ermöglichen. Ein Differenzierungsmodell, das in Zusammenarbeit mit der Musikschule Neukölln organisiert wurde, machte den Schülern ein Angebot in Schlagzeug, Gitarre, Gesang, Tanz, Zusammenspiel in Beat-Bands und Studiotechnik. Durch die Einrichtung von Studios sollten möglichst viele Schüler die Möglichkeit erhalten, ein Instrument zu erlernen (z.B. im "elektronischen Piano Studio", in dem 12 Schüler gleichzeitig das Instrument spielen können).

- Im Unterrichtsprozess sollten die Schüler die Befähigung erlangen, sich kommunikativ an musikalischen Aktivitäten zu beteiligen, und so die Befähigung zum

---

14   RICHTER, CH., in: Musik und Bildung, H. 7/8, 1981, S. 429.
15   vgl. SCHMITZ 1982, NIERMANN 1987
16   siehe dazu: WEISS, WOLFGANG, Musik ist mehr als Musik, in: Jugend - Jugendprobleme - Jugendprotest, Hrsg.: Landeszentrale für politische Bildung, Baden-Württemberg, Stuttgart 1982, S. 84 ff.

integrativen, also sowohl bewußten als auch emotionalen Hören erlangen. Dadurch sollte eine kritische Teilnahme bei kulturellen Musikveranstaltungen ermöglicht werden.

Nach drei Jahren (1974 - 1976) der Kooperation mit der Musikschule wurden folgende Ergebnisse festgestellt:

1. Die Schüler werden motiviert, über Jahre hinweg aktiv Musik zu betreiben.

2. Durch intensive Betreuung werden Unterrichtsergebnisse erzielt, die eine aktive Teilnahme in Musikgruppen ermöglicht.

3. Durch die Einbeziehung der Alltagsmusik wird die Erwartungshaltung weitgehend berücksichtigt und eine positive Einstellung der Schüler zu musikalischen Inhalten erzeugt.

4. Die Toleranz gegenüber anderer Musik (Kunstmusik, außereuropäische Musik, epochale Musik) wächst mit der Entwicklung des musikalischen Sachverstandes.

Besonders Punkt 4 der Ergebnisse des Modellversuchs beweisen, daß die Berührungsängste mit der Rockmusik grundlos sind: Die Schüler lernen gerne und erfolgreich am Unterrichtsgegenstand Rockmusik und erarbeiten Grundlagen, die das Interesse an den anderen vielfältigen Formen der Musik wecken.[17]

Natürlich spiegeln Modellversuche nicht alle Probleme des Schulalltags wider. Niermann[18] verweist hierzu auf die immer noch aktuellen Probleme:

- *"... in den Schulbüchern, soweit in ihnen die Pop- oder Rockmusik überhaupt Berücksichtigung findet, wird primär der kognitive Zugang zur Musik als vorherrschende Form unterrichtlicher Arbeit unterstellt.*
- *Lehrer, die selber Rockmusiker sind (oder waren), werden in der Regel aufgrund ihrer Erfahrungen versuchen, den Unterricht primär praktisch anzulegen. Sie gestehen der Berücksichtigung der ökonomischen, technischen, visuellen und soziologischen Rahmenbedingungen einen gewissen Nutzen zu, gehen aber davon aus, daß man an die Musik selbst nur durch das Musizieren herankomme. Es ist auch wichtig, viel Musik zu hören - ohne sie zu >zerreden<! -, aber Rockmusikhören sei in der Schule vielen Störfaktoren ausgesetzt: die laborhafte, der Rockwelt fremde Atmosphäre, die unter-*

---

17 als besonderer Erfolg des Modellversuchs wurde der Schülerwunsch nach einer 4. Musikstunde aus dem Kontingent des außerschulischen Angebots bewertet.
18 vgl. NIERMANN, 1987, S. 21 f.

schiedlichen, manchmal gegensätzlichen Vorlieben der Schüler, die meist nur mäßigen technisch-akustischen Bedingungen usw.

- In der Realität stößt das Musizieren im Kurs- oder Klassenverband noch in stärkerem Maße auf Probleme und Beschränkungen als das Hören: Wieweit ist es für den Umgang mit Rockmusik sachlich angemessen und nützlich, in einer Gruppengröße von 20 bis 30 Schülern zu musizieren, >rockmusikalisches Material< (SCHÜTZ 1981, S. 467) tendenziell bis zur Unkenntlichkeit zu vereinfachen, ersatzweise z.B. die melodische Figur einer E-Gitarre auf einem Glockenspiel, das Schlagzeug auf >Orff-Instrumentarium< ... zu reproduzieren usw.?"

Terhag[19] erblickt in den noch heute vorherrschenden didaktischen Zielsetzungen Probleme, aus denen er die *"Un-Unterrichtbarkeit"* populärer Musik folgert. Er sieht die Ziele der Musikpädagogen vor allem von der Sorge getragen, eine gefährdete Jugend durch musikbezogene Konsumerziehung und -differenzierung zum bewußten, kritisch distanzierten Hören zu erziehen. Das Ausgrenzen außermusikalischer Faktoren, nämlich

"... mit viel Arbeit und Selbstdisziplinierung (...) gegenständliches Hören, d.h. ein von den eigenen Bedürfnissen abgetrenntes strukturelles Hören zu üben",[20] *"... kann Schüler nicht dazu bewegen, diesem Unterrichtsthema irgendetwas abzugewinnen ..."*.[21]

Er kritisiert den grundsätzlich unterkühlt und herablassenden Umgang mit populärer Musik: So sieht Wiechell den kognitiven Umgang mit Musik allgemein belastet von

"der in den meisten Elternhäusern genährten Überzeugung, Musik sei zur Unterhaltung und Entspannung da (WIECHELL 1975, S. 51)." "Über ihr Lernziel, junge Menschen kontrolliert und dosiert mit dem Fluchtraum 'rauschhafte Musik' umgehen zu lehren (WIECHELL, 1975, S. 48) scheinen die Musikpädagogen vergessen zu haben, daß selbstverständlich jede Musik auch zur Unterhaltung und Entspannung da ist".[22]

---

19 TERHAG, JÜRGEN, Populäre Musik und Jugendkulturen. Über die Möglichkeiten und Grenzen der Musikpädagogik, Regensburg 1989, S. 83 ff.
20 WIECHELL 1975, S. 51.
21 TERHAG, 1989, S. 85.
22 ders. S. 85 f.

4.1.1. Das Homerecordingequipment im Rahmen der Didaktik der Rock- und Popmusik

Der 'Vorläufige Rahmenplan für Unterricht und Erziehung in der Berliner Schule' (Klassen 7 bis 10) schreibt vor:

> *"Durch die Entwicklung und ständige Ausbreitung technischer Medien ist eine Situation entstanden, in der jeder Mensch einem immer größer werdenden Angebot von Musik gegenübergestellt ist. Deshalb kann im Sekundarbereich I vorausgesetzt werden, daß der Schüler bereits über Erfahrungen im Musikhören und Musikmachen verfügt. Er verfügt über ein persönliches Musik-Repertoire und hat musikalische Interessen und Bedürfnisse."*[23]

Außer der Einbeziehung und Berücksichtigung der außerschulischen musikalischen Erfahrungen der Schüler sollen sie *"... den Zusammenhang von technischer und musikalischer Entwicklung in den Bereichen Instrumentenbau und Komposition darstellen und repräsentative Musikstücke nennen"* können.[24]

Der Einsatz des Homerecordingequipment im Musikunterricht wäre somit durch den Rahmenplan gerechtfertigt, weil das Equipment eben jene Technik repräsentiert, mit der ein großer Teil von Popmusik produziert wird. Da es aber bis heute nicht gelungen ist, eine allgemein gültige und schlüssig abgrenzende Definition populärer Musik zu erzielen, schließe ich mich, um eine tragfähige Arbeitsgrundlage zu erhalten, der Zusammenfassung der vielfältigen, pädagogisch bestimmten Definition Terhags[25] an, wobei beim

- *"<u>Pop</u> der unterhaltsame, schnelllebige Aspekt dominiert (Hitparadenpop, aktuelle Popmusik, Tagespop, Schlager),*
- *unter <u>Rock</u> die Musik in der Nachfolge von Rhythm & Blues, Rock'n Roll, Beat usw. verstanden wird,*
- *<u>Jazz</u> heute nur bedingt zur populären Musik gerechnet werden kann, da er aufgrund größerer Distanz ähnlichen Bedingungen unterworfen ist wie die 'Klassik'."*[26]

---

[23] vgl. DER SENATOR FÜR SCHULWESEN; JUGEND UND SPORT, Berlin (Hrsg.), Vorläufiger Rahmenplan für Unterricht und Erziehung in der Berliner Schule, Klassen 7 bis 10.
[24] ders. S. 2.
[25] TERHAG, 1989, S. 46 f.
[26] Die einzelnen Musikkarten voneinander abzugrenzen ist dabei weiterhin schwierig, da es eine Reihe von Mischformen gibt (z.B. Jazz-Rock etc.).

Für die vorliegende Arbeit ist es jedoch vor allem wichtig, auf welchem Wege Musik hauptsächlich produziert wird und inwieweit das Homerecordingequipment sinnvoll als Medium im Unterricht eingesetzt werden kann.

Man kann dazu feststellen, daß der Computer als zentrales Steuerungselement des Studioequipments seinen Einsatz vor allem in der Produktion von Popmusik, die im industriellen Fließbandverfahren Musik produziert,[27] findet. Ganz besonderen Einsatz findet er in den neueren Formen der Discomusik (Rap- und Housemusic, Tekkno). Im Bereich des Jazz oder der gitarrenorientierten Rockmusik ist der Computer kaum, oder gar nicht zu finden (Blues, Rock'n Roll, Reggae u.a.). Bisweilen ist der Einsatz von Computern (beim Heavy Metal) oder Keyboards (beim Punk) regelrecht verpönt.

Es ist davon auszugehen, daß auch für die eben genannten Musikstile Teile des Homerecordingequipment als Hilfs- und Arbeitsmittel zum Komponieren, Arrangieren oder Notieren, Gebrauch finden (z.B. Drumcomputer, Recorder etc.). Eine Beeinflussung der stilspezifischen Musizierweisen wird dadurch kaum stattfinden. Hier zeigt sich ein Paradoxon: Für den Musikunterricht scheint der Einsatz des Computers am ehesten für die Behandlung Klassischer Musik geeignet; also für eine Musik, für die die Software-Sequenzer niemals geschaffen - und die zu ihrer Produktion nicht eingesetzt werden. Der Grund dafür ist einfach: Die Software-Sequenzer sind nach den musiktheoretischen Gesetzen der europäischen Kunstmusik aufgebaut, deren Parameter sich mit der 'Ja/Nein-Logik' des Rechners im Groben erschließen läßt.[28]

So lassen sich also mit den Produktionsmitteln der Rock- und Popmusik alle für den musiktheoretischen Unterricht wichtigen Themen visuell und akustisch unterstützt darstellen, untersuchen und praktisch nachvollziehen.

Auch im Bereich der computergestützt und industriell hergestellten Pop-Musik ist mit diesen Medien im handlungsorientierten Unterricht ein fast perfekter Nachvollzug möglich. Da hier die Musik (genauso wie bei der patternorientierten Kunstmusik oder seriellen Musik) nach bestimmten formalen Regeln erstellt, also "berechnet"

---

[27] siehe dazu: AHMIA, TARIK, Hit-Labor der Pop-Päpste, in: ST Magazin 12/88, München, S. 28 ff.
[28] Im Gegensatz zu den ersten Musikprogrammen taten sich die ersten Grafik- und Malprogramme sehr viel schwerer, weil die zu geringe Auflösung eine Kurve als eine Summe von stufenartig angeordneten Strichen/Punkten darstellt. Bei der Reproduktion abgestufter Farbtöne ergaben sich ähnliche Probleme.

wird, läßt sich das Prinzip der "Aneignung"[29] in hohem Maße vollziehen. Hinzu können außermusikalische Themen (Rolle von Technik, Industrie, Arbeitsverfahren, in ihrer Auswirkung auf die Musik) durchaus mit diesen Medien vermittelt werden.

Daraus läßt sich jedoch nicht folgern, daß sich mit dem Computer **alle** anderen Musikarten erobern lassen. Musiken, die nicht den Gesetzmäßigkeiten der europäischen Kunstmusik folgen, oder deren Wesensmerkmale wesentlich von außermusikalischen Faktoren geprägt sind, können von Computern schwer berechnet werden. So läßt sich etwa der Blues am Computermonitor auf sein zwölftaktiges Schema reduziert darstellen. Gezeigt wird aber nur ein, auf wenige Parameter reduzierter Ausschnitt, der über sein Wesen nichts aussagt, und dafür bedürfte es nicht eines Computers. Es zeigt sich, daß der Computer ein auf bestimmte musikalische Bereiche beschränktes Lehr- und Lernmittel darstellt. Auch darf in diesem Zusammenhang die Gefahr nicht übersehen werden, daß die spezifische Arbeits- und Einsatzweise eines Rechners die Methode des rein kognitiven Zuganges forciert und überbetont.

Die von Niermann und Terhag oben genannten grundsätzlichen und noch nicht gelösten Probleme einer Didaktik der Rock- und Popmusik können durch den Einsatz von Homerecordingequipment nicht behoben werden. Sie treten im Gegenteil noch schärfer hervor:

- Zu volle Klassen (die einen handlungsorientierten Unterricht kaum zulassen);
- zu wenig Unterricht (der sich in der Regel auf 2 Wochenstunden beschränkt und nur eine 'Häppchenpädagogik' zuläßt);
- mangelhafte Ausstattung (Räumlichkeiten und Equipment);
- mangelhafte Ausbildung der Lehrer (hier vor allem im technischen Bereich).

4.2. Die schulische Projektwoche "Hier kommt Kurt". Ein Modellversuch

Vom 24. bis zum 28. September 1990 fand an der Kepler-Oberschule (6. OH Neukölln) eine musische Projektwoche statt. Im Fachbereich Musik leitete ich in dieser Woche das Projekt 'Produktion eines Playbacks für einen Musikvideoclip'. Mit Hilfe eines umfangreichen Homerecordingequipments sollte der

---

29 Zum Aneignungsbegriff siehe: NIERMANN, FRANZ, Rockmusik und Unterricht, Stuttgart 1987, S. 23 ff.

Popsong "Hier kommt Kurt" von Frank Zander mit Schülern produziert und der Projektgruppe "Videofilm" für ihren, thematisch an den Text angelehnten Videoclip, zur Verfügung gestellt werden.

Die schulische Situation

Die Kepler-Oberschule ist eine Ganztagshauptschule mit 240 Schülern. Da die Schule eine multikulturelle Schule ist, die von Schülern aus 24 Nationen besucht wird (Aus- und Umsiedler-, Asylanten- und Gastarbeiterkinder), beträgt der Ausländeranteil 70 %. Sprach- und Verständigungsschwierigkeiten prägen häufig den Unterrichtsablauf.

In den 7. und 8. Klassen besuchen die Schüler halbjährlich im Rotationsverfahren die Kurse Bildende Kunst, Schulspiel und Musik (jeweils zwei Wochenstunden). Nach dieser Orientierungsphase entscheiden sich die Schüler für eines der drei Fächer, so daß erst in der 9. und 10. Klasse ein kontinuierlicher Unterricht möglich wird. Auf fundiertes musikalisches Wissen und Können kann meist nicht zurückgegriffen werden. Auch haben die Schüler selten privat ein Instrument erlernt.

Für den Musikunterricht steht ein eigener, ausreichend großer Musikraum zur Verfügung, der jedoch gelegentlich zwischen mir und einer Referendarin geteilt werden muß.

Zur Ausstattung des Raum gehören:
- Orff'sches Instrumentarium (Klassensatz)
- Flügel
- 10 SK-5 Sampler (Minikeyboard von Casio)
- VZ 1 Synthesizer von Casio (16stimmig, 8facher Multimode)
- Atari ST 1040 Computer (privat zur Verfügung gestellt), Stereoanlage, Plattenspieler, Cassettenrecorder etc.

Die Schüler

Acht Schüler (6 Jungen, 2 Mädchen) aus unterschiedlichen 9. Klassen nahmen an dem Projekt teil. Alle Schüler wurden in der 7. oder 8. Klasse ein halbes Jahr in Musik unterrichtet. Sechs Schüler hatten sich zu Beginn des Schuljahres für Musik entschieden. Die Schüler besitzen schwache Notenkenntnisse, nur 2 Schüler spielen zuhause auf einem Minikeyboard.

Zwei der Schüler weisen starke Verhaltensauffälligkeiten auf, die sich durch unruhiges und undiszipliniertes Verhalten äußern. Einer der Schüler hat die Androhung der Verweisung von der Schule erhalten.

Der Song

Der Song "Hier kommt Kurt" von Frank Zander[30] ist ein bei den meisten Jugendlichen bekannter und beliebter Hit, dessen Text einen Angebertypen karikiert.

Die musikalische Struktur ist sehr einfach gehalten, der Song läßt sich aus einem zweitaktigen Strophen- und einem zweitaktigen Refrainpattern zusammensetzen.

Der Gesang, der vier Strophen umfaßt, ist ein typischer Rap-Gesang, d.h. ein Sprechgesang ohne fest Tonhöhe, so daß die Schüler sich auf den Sprechrhythmus konzentrieren können. Als Vorlage wurden die bereits didaktisch aufgearbeiteten Arbeitsmaterialien aus den "Grünen Heften"[31] eingesetzt. Sie umfassen, neben den für den Unterricht vereinfachten Partituren, auch eine Cassette mit den Playbacks.

Die Stimmen der acht verschiedenen Instrumente können alleine oder im Zusammenhang gehört werden. Sie sind so einfach gehalten, daß sie auch von einem ungeübten Spieler auf dem Keyboard umgesetzt werden können.

---

30 siehe Anhang: Arrangement, Text, Track-Listing.
31 Die Grünen Hefte, H. 28, Juni 1990.

Das Equipment

Klangerzeuger

Gerät	Geräteart	Hersteller
K 1	Synthesizerkeyboard	Kawai
VZ 1	Synthesizerkeyboard	Casio
CZ 3000	Synthesizerkeyboard	Casio
Prophet 2000	Samplerkeyboard	Sequential Cicuits
TX 81Z	Synthesizerexpander	Yamaha
Matrix 1000	Synthesizerexpander	Oberheim
HR 16	Drumcomputer	Alesis

MIDI

ST 1040	Computer	Atari
SM 124	Monitor	Atari
Pylon M	MIDI-Merger	Sculpture

Recording

MT 2X	4-Spur Cass. Recorder/6-Kanal Mixer	Yamaha
MIDI-Verb II	Multieffektprozessor	Alesis
Rex 50	Multieffektprozessor	Yamaha
D330BT Professionell	Gesangsmikrofon	AKG
Compressor	Compressor/Limiter	Behringer

Sonstiges

3 Paar Kopfhörer HD 414 S1	Sennheiser
3 Keyboardständer	
2 Doppelrecorder-Kompaktanlagen	D 6650 Studio II Philips
D 6550 Cassette Record Amplifier	Philips

Die Räumlichkeiten

Die Durchführung der Projektwoche fand im Filmraum der Schule statt, da er sich durch den angrenzenden kleinen Videoraum besonders gut für Gruppenaufteilungen eignet.

In einer Ecke des Filmraums wurde das Homerecordingstudio installiert. Der K 1 Synthesizer wurde als alleiniges Masterkeyboard eingesetzt.

Die drei anderen, mit Kopfhörern versehenen Keyboards, dienten den Schülern als Übungsinstrumente, die im Raum verteilt aufgestellt waren und später bei der Abmischung als Klanggeneratoren eingesetzt werden sollten.

Im Videoraum wurde der Gesang erarbeitet, so daß sich die Gruppen gegenseitig nicht störten.

Die Zeit

Für die Projektwoche waren fünf Tage mit jeweils vier Zeitstunden (zuzüglich der Pausen) angesetzt.

Die Lernziele

Die Schüler sollten:
- im arbeitsteiligen Verfahren einen Popsong unter studiotechnischen Bedingungen produzieren und so die computergesteuerte, industrielle Fertigung von Pop-Produktionen nachvollziehen und kritisch dazu Stellung nehmen können;
- die Rolle des Computers als zentrales Steuerelement im MIDI-Verbund kennenlernen und ihn für die Produktion einsetzen;
- die spezifische Arbeitsweise des Sequenzers kennen- und handhaben lernen, indem sie patternorientiert Einspielungen vornehmen, Pattern quantisieren, kopieren und zu einem Song zusammensetzen;
- die Bedeutung des Multimode erkennen und handhaben, indem sie den einzelnen Stimmen die entsprechende Klänge zuordnen;
- die akustischen Probleme analoger Aufnahmen erkennen und bewältigen, indem sie die Aussteuerung der Gesangsaufnahmen vornehmen;
- die besondere Bedeutung der Effektgeräte für den "richtigen" Sound erfahren, indem sie der Abmischung die entsprechenden Effekte beimischen;
- die hörpsychologischen Probleme bei der Abmischung erfahren und bewältigen, indem sie mehrere Abmischungen vornehmen, kritisch vergleichen und die gewonnenen Erkenntnisse für eine klanglich ausgewogene Endabmischung einsetzen.

Der Verlauf

1. Tag
- Verteilung des Wochenarbeitsplans; Erläuterung des Vorhabens
- Aufbau und Verkabelung des Equipments
- Einführung in die Arbeitsweise des Twenty Four III Sequenzers und in die Funktion des MIDI-Systems.

2. Tag
- Anhören der Playbacks und Lesen des Textes
- Einteilung der Schüler für die verschiedenen technischen und musikalischen Arbeitsbereiche

Gruppe 1	Gruppe 2	Gruppe 3
Erprobt und übt unter Anleitung die Arbeit mit dem Sequenzer	Erarbeitet weitgehend selbstständig an den Keyboards die einzelnen Stimmen der Partitur	Erarbeitet weitgehend selbstständig mit der Textvorlage und den Playbacks den Gesang

- Einspielung der Partitur mit vorgegebenen Klängen; Nichtinstrumentalisten erhalten die Höraufgabe, rhythmische Unsauberkeiten zu erkennen und über Quantisierungsmaßnahmen zu entscheiden.

3. Tag
- Abhören der Aufnahmen vom Vortag und kritische Stellungnahme, ggf. Verbesserung oder Wiederholung;
- Vertiefung der Kenntnisse über das MIDI-System; Zuordnung der Sounds von verschiedenen Klanggebern zu den einzelnen eingespielten Stimmen;
- Abstimmen der Dynamikverhältnisse zu einem stimmigen Gesamtbild;
- Aufzeichnung einer Sync-Spur auf Spur 4 des Recorders;
- Versuch einer weiteren Abmischung des Instrumentalplaybacks.

4. Tag
- Abhören der Abmischung vom Vortag. Erstellen einer weiteren Abmischung;
- Einführung und Erprobung der Funktionsweise und der Aussteuermöglichkeiten des Mehrspurrecorders;

- Einführung und Erprobung der Wirkungsweise der Effektgeräte;
- Soundcheck;
- Aufnahme der Solostimmen;
- Aufnahme der Refrains (alle Schüler);
- Versuch einer Gesamtabmischung.

5. Tag
- Abhören der Abmischung; Kritik;
- Klangliche Bearbeitung und Verfeinerung der Sounds;
- Abstimmung der digitalen und analogen Sounds;
- Endabmischung für das Mastertape.

4.2.1. Ergebnisse

Folgende Fragestellungen interessierten mich bei dem durchgeführten Projekt:
1. Akzeptieren die Schüler das Equipment mit seinen einzelnen Komponenten?
2. Wirkt das Equipment motivierend auf die Schüler und intensiviert ihr Arbeitsverhalten?
3. Welche Probleme treten bei der Handhabung des Equipments auf?
4. Welche Faktoren erschweren die Durchschaubarkeit des arbeitsteiligen Produktionsprozesses für die Schüler?
5. Welche Arbeitsprozesse stellen besondere Anforderungen an Schüler und Lehrer?
6. Können alle Schüler ständig in den Unterrichtsproze einbezogen werden?
7. Läßt sich ein organisatorisch reibungsloser, arbeitsteiliger Unterrichtsverlauf durchführen?
8. Hätte das Equipment zur Erreichung der Lernziele verkleinert werden können oder vergrößert werden müssen?
9. Kann eine kritische Stellungnahme der Schüler bezüglich des Produktionsprozesses sowie des fertigen Endprodukts erreicht werden?

Zu 1.

Die Aussicht, mit umfangreichen technischem Equipment zu arbeiten, löste schon vor der Projektwoche bei den Schülern große Begeisterung aus. Bezüglich der einzelnen Komponenten gab es unterschiedlich großes Interesse und Motivation.

Alle Schüler interessierten sich sehr stark für die Keyboards und wollten sofort spielen. Nur zwei Schüler zeigten ein ausgesprochen großes Interesse für den Computer und die Software. Sie beschäftigen sich auch in ihrer Freizeit damit. Um dem Spieltrieb und der Neugierde der Schüler Rechnung zu tragen, stellte ich zuerst die Keyboards auf und gab sie zum Spielen frei. Mit einer kurzen Erläuterung zur Funktion (Handräder, Soundwechsel) konnten sich die Schüler selbstständig mit dem Gerät vertraut machen.

Nach dem Vorstellen des Vorhabens, dem Abhören der Playbacks und dem Lesen des Textes entschlossen sich vier Schüler, darunter die Mädchen, hauptsächlich die Erarbeitung des Gesangs zu übernehmen.

Trotzdem setzten sich auch diese vier Schüler in den Pausen immer wieder an die Keyboards. Für den Computer zeigten sie nur mäßiges Interesse, er erschien ihnen zu "technisch".

Zu 2.
Grundsätzlich waren die Schüler über eine Woche sehr motiviert und konzentriert bei der Arbeit. Trotzdem gab es immer wieder Motivationseinbrüche, die nicht in der fehlenden Motivation, sondern im Equipment und im Aufnahmeverfahren begründet waren:

a) Es war den Schülern nicht möglich, länger als eine halbe oder gar dreiviertel Stunde die Keyboards nur mit Kopfhörern zu spielen. Es stellte für das Gehör trotz geringer Lautstärke eine zu große Dauerbelastung dar. Hinzu kam die ungewohnte Isolation vom Gesamtgeschehen sowie die ebenfalls ungewohnte Konzentration auf das eigene Tun. Die Schüler mußten daher recht häufig die Kopfhörer beiseite legen, um Pausen zu machen, herumzuwandern und zu sehen, womit die anderen Schüler gerade beschäftigt sind. Danach kehrten sie allerdings wieder neu motiviert an den Arbeitsplatz zurück.

b) Das schrittweise Aufnehmen im MIDI-System hatte zur Folge, daß immer nur ein Schüler eine Stimme aufnehmen konnte. Da alle Schüler eine Stimme aufnehmen sollten (die Sänger übernahmen die Schlagzeugstimmen), kam es trotz der Höraufgabe an die nicht spielenden Schüler zu Unruhe, da es sich insgesamt um ein zeitlich langwieriges Verfahren handelte. Bei den meisten Schülern mußten mehrere Einspielversuche gemacht sowie Quantisierungen vorgenommen werden. Dies geschah hauptsächlich bei den Basiseinspielungen der Schlagzeugstimmen, da hier das harmonische Umfeld fehlte und der jeweilige Schüler sich ganz auf den Taktgeber des Sequenzers konzentrieren mußte. Die entstehende Unruhe, auch hervorgerufen durch die Ungeduld der Schüler, endlich an die Reihe zu kommen, führte zu erheblicher Nervosität bei den Spielern und zu weiteren Einspielfehlern. Gleichwohl war es beeindruckend zu beobachten, wie die Schüler im Kampf gegen das MIDI-Metronom fehlerfreie Einspielungen erzwingen wollten und bei kleineren Einspielfehlern (die im Editor hätten bearbeitet werden können) immer wieder um Zeit für einen neuerlichen Versuch baten. Die gleiche Unruhe entstand bei den Gesangsaufnahmen, da sowohl das Aussteuern als auch die Aufnahmen selber sehr viel Zeit in Anspruch nahmen.

Erschwerend kam hinzu, daß zwei Schüler plötzlich große Hemmungen hatten, vor ihren Mitschülern zu singen. Ihre Unsicherheit wurde von der herrschenden Unruhe und dem zunächst dünnen Sound verstärkt. Nach dem ersten Aufnahmeversuch, der vor allem der Aussteuerung ihrer Stimmen diente und den Schülern die Gelegenheit geben sollte, sich auf das Playback unter Aufnahmebedingungen einzustellen, weigerten sie sich, weitere Aufnahmen zu machen. Mein Angebot, die Aufnahme ihrer Stimmen auf die Zeit nach dem Schulschluß zu verschieben, wurde von beiden Schülern akzeptiert.

c) Nach dem Einspielen des instrumentalen Playbacks wurde ein neuer Motivationsschub bei den Schülern ausgelöst, da sie nun ein Gesamtergebnis hören konnten, das ihrer Meinung nach besser als das Original war. Alle Schüler wollten auch singen und bestanden auf einer Cassettenkopie, um nach Schulschluß zuhause allein üben zu können.

d) Durch das attraktive Playback wurde eine zu starke Erwartungshaltung bei den Schülern ausgelöst. Bei allen Sängern (im Refrain sangen alle Schüler mit) sank die Motivation zunächst rapide, als sie den probeweise aufgenommenen Gesang zum ersten Mal hörten. Die beim Soundcheck vorhandene Klangqualität erschütterte das Vertrauen in die eigenen Fähigkeiten. Die Schüler fanden ihren Gesang schrecklich dünn und "überhaupt peinlich". Ihre Erwartung, daß ihr Gesang genauso perfekt quantisiert und, vergleichbar dem Synthesizer, sofort mit entsprechendem Sound erklingen würden, konnte sich nicht erfüllen.

Dazu trug auch das nötige Abhören der einzelnen aufgenommenen Stimmen bei, die ohne Begleitung alle Schwächen und Fehler offenbaren. Die Endabmischung konnte die Schüler jedoch mit ihrer eigenen Gesangsleistung wieder versöhnen. Sie konnten nämlich erst hier, nachdem noch etliche klangliche Verfeinerungen vorgenommen waren, erkennen, daß kleine Aussprachefehler oder gar winzige rhythmische Schwankungen im Gesamtzusammenhang kaum noch zu hören waren und nicht mehr ins Gewicht fielen. Insgesamt, so befanden die Schüler, war ihr Gesang viel besser als anfangs befürchtet.

Zu 3.
Die Handhabung des Equipments bereitete den Schülern keine Schwierigkeiten, da seine Einsatzweise beschränkt war.

Die Keyboards wurden nur als Übungs- und Einspielinstrumente oder als Klanggeneratoren eingesetzt. Die Möglichkeiten der Klangsynthese wurden für dieses Projekt bewußt ausgeklammert. Auch die Handhabung des Computers und des Sequenzers bereitete den Schülern keine Schwierigkeiten. Alle Schüler besitzen einen Cassenttenrecorder oder Walkman, so daß ihnen die Funktionsfelder Record, Play, Stop, Rewind und Forward geläufig sind.

Der Sinn des Quantisierens mit dem Grid-Editor war den Schülern schnell klar. Es machte ihnen sehr viel Spaß damit zu experimentieren, indem sie Einspielungen mit allen möglichen Quantisierungsarten manipulierten.
Das Kopieren der Pattern in die 'Arranger Page' und das Zusammensetzen zu einem kompletten Song ging ohne Probleme vonstatten.
Ebenfalls unproblematisch war der Umgang mit dem Recorder, da nur der Aufnahmepegel und die Höhen-/Tiefenregelung eingestellt werden mußten.
Schließlich mußten noch die Effekte für die Aufnahme ausgewählt werden. Handhabungsprobleme entstanden deshalb nicht, weil die Effektgeräte mit Presets versehen waren.

Die Schwierigkeiten in der Handhabung lagen eher beim Lehrer, der mit unvorhergesehenen technischen Schwierigkeiten fertig werden mußte:

1) Die ursprünglich zum Abhören vorgesehene Stereoanlage fiel wegen eines Kurzschlusses aus. Trotz Austausch der Lautsprecherkabel und der Sicherung, konnte der Fehler nicht behoben werden. Eine andere Anlage mußte beschafft werden.

2) Die 4. Spur des Recorders fiel aus (wahrscheinlich ein Transportschaden), so daß kurzfristig ein neues Aufnahmekonzept ohne Synchronisationsspur zur Steuerung des Sequenzers entwickelt werden mußte.

Spur 3 enthielt nun das Instrumentalplayback, Spur 1 und 2 enthielten Solo- und Chorgesang. Diese Vorgehensweise hatte den Nachteil eines erheblichen klanglichen Qualitätsverlustes, denn:

    a) das einmal aufgenommene Grundplayback konnte dann nicht mehr verändert werden, was bedeutete, daß das Arrangement nicht im nachhinein dem Gesang klanglich angepaßt werden konnte;
    b) eine zusätzliche Überspielgeneration für das Instrumentalplayback, das direkt auf das Mastertape gemischt worden wäre, kam hinzu:
    - Aufnahme auf dem 4-Spur Recorder
    - Abmischung zum Stereocassettenrecorder als Mastertape
    - Kopien vom Mastertape
    - Jede Überspielung erhöhte den Rauschanteil und verminderte die Brillianz.

3) Der Datenfluß wies Übertragungsstörungen auf, weil eines der MIDI-Kabel defekt war. Alle Kabel mußten deshalb überprüft werden.

4) Da die Schüler sehr experimentierfreudig waren, kam es beim Computer und den Keyboards immer wieder zu Fehlfunktionen. Die Schüler versuchten hinter die Geheimnisse aller Taster und Bedienungsfelder zu kommen, so daß sie häufig in die Editoren gerieten und nicht mehr zur Main Page zurückfanden.
Andere Fehler, die durch das versehentliche Drücken einer Taste entstanden waren, waren für den Lehrer manchmal sehr schwer herauszufinden und konnten nur durch ein Abschalten des Gerätes behoben werden. Speziell beim Sequenzer, bei dem eingeschaltete Funktionen durch inverse Darstellung hervorgehoben werden, ist wegen der mit Funktionsfeldern überladenen Menü-Seite eine Veränderung oft schwer erkennbar.
Das versehentliche Stoßen an ein Keyboard und das Herausrutschen von Kabeln verursachte ebenfalls längeres Suchen nach der Fehlerquelle. Um der Gefahr einer Löschung der Sequenzeraufnahmen vorzubeugen, wurde das Programm auf einer zweiten Sicherheitsdiskette ständig von mir abgespeichert.

Zu 4.
Zu Beginn jeden Projekttages fand eine Besprechung im Rahmen eines Frühstücks statt, das die Durchschaubarkeit des arbeitsteiligen Produktionsprozesses für die Schüler gewährleisten sollte. Diese Einrichtung erwies sich als sehr nützlich, da in entspannter Atmosphäre die vor uns stehenden Aufgaben erläutert sowie Kritik an

den Arbeitschritten, -verfahren und -ergebnissen des Vortages geäußert werden konnten. Da die Schüler ihre Pausen weitgehend selbst bestimmen konnten, gesellten sie sich immer wieder zu den anderen Gruppen, schauten zu oder machten mit, wodurch ein ständiger Informationsfluß und Erfahrungsaustausch zwischen den Gruppen stattfand.

Zu 5.
Die Schüler wurden in zweierlei Hinsicht durch das schrittweise erfolgende Aufnehmen, wie es beim MIDI-Sequenzer möglich ist, überfordert.

a) Das lange Warten darauf, mit dem eigenen Beitrag an die Reihe zu kommen, sorgte für einen Motivationsabfall und führte zu Unruhe, die dem Aufnahmeprozeß schadete.

b) Das patternorientierte und schrittweise Aufnehmen der einzelnen Stimmen gab den Schülern keine Vorstellung vom Gesamtergebnis. Auch das Hören des fertigen Originalplayback konnte die Fixierung der Schüler auf einzelne Pattern und Stimmen nicht verhindern.
Die Schüler sahen beispielsweise bei der Zuordnung der Sounds jeweils nur das einzelne Pattern und nicht den gesamten Song. Um dem zu begegnen ließ ich bei der Soundzuordnung Strophe und Refrain im 'Cycle'-Modus laufen. Trotzdem blieb das Problem, sich den Gesang dazu vorzustellen. Die Schüler bevorzugten bei der Soundzuordnung jeweils die spektakulärsten, witzigsten und ausgefallensten Sounds. Für sich allein gesehen, hätte das Soundarrangement durchaus einen originellen Charakter gehabt, für den Gesang wäre jedoch bei dieser klanglichen Überfrachtung kein Platz mehr gewesen.

Mit dem Ausfall der Sync-Spur war es jedoch nötig, ein brauchbares Playback zu erstellen, da es mit der Aufnahme des Gesangs nicht mehr veränderbar war. Erst ein probeweises Dazusingen konnte die Schüler von der Notwendigkeit eines klanglich reduzierten Arrangements überzeugen.

c) Mit der Organisation, Handhabung und schnellen Wartung, des komplexen und anfälligen Recordingequipments wird ein Großteil der Zeit des Musikpädagogen absorbiert.

Der Lehrer verbringt einen großen Teil der Zeit damit, die Rolle des Technikers zu erfüllen, die meist im Auffinden ständig auftretender Fehlerquellen besteht.

Gleichzeitig muß er erklärender und leitender Lehrer sein, der den in verschiedenen Gruppen stattfindenden Lernprozeß anregen, überwachen und fördern muß.

Zu 6.
Die ständige Einbeziehung aller Schüler in den Unterrichtsverlauf erwies sich durch das besondere Aufnahmeverfahren im MIDI-System als schwierig.

Zwar gelang es durch die Gruppenaufteilung, den Schülern im Sinne des arbeitsteiligen Verfahrens wichtige Aufgaben zuzuteilen. Das Zusammenfügen der Arbeitsergebnisse im arbeitsteiligen Verfahren kann aber auch nur arbeitsteilig sein.

Das Produktionsverfahren gestattet eben nur einem Spieler das Einspielen und nur ein bis zwei Schülern die Tätigkeit an Computer und Aufnahmetechnik.

Zu 7.
Ein organisatorisch reibungsloser Ablauf des Unterrichts läßt sich nicht bewerkstelligen. Zu viele unvorhersehbare Faktoren, die besonders im technischen Bereich liegen, können den Unterrichtsablauf erheblich beeinflussen. Ein Programmabsturz z.B. kann das gesamte Projekt in Frage stellen.

Bei meinem Projekt konnte wegen der technischen Störungen der Zeitplan von vier Stunden pro Tag nicht eingehalten werden. Im Durchschnitt betrug die zeitliche Verzögerung ca. eine dreiviertel Stunde täglich.

Zu 8.
- Für das Projekt wäre ein Verzicht auf die beiden Soundexpander (Matrix 1000, TX 81Z) möglich gewesen. Ich hatte sie als Option für eine Klangerweiterung mitgenommen. Ihre Abmessungen hatten den Transport und auch den Aufbau nicht erschwert oder kompliziert.

- Die zusätzlichen Keyboards, die nicht direkt für die Einspielung eingesetzt wurden, waren für die Übungsphasen unbedingt wichtig.

- Eine parametrische Klangreglung am Mixer, ein anderer Equalizer oder Exciter wären besser geeignet gewesen, die etwas dumpfen Gesangsaufnahmen in den Höhen anzuheben und sie so dem Instrumentalplayback besser anzupassen. Diese Geräte waren aus organisatorischen Gründen nicht verfügbar.

- Eine sinnvolle Ergonomie beim Aufbau des Equipments konnte wegen der etwas zu kurz geratenen MIDI-Kabel nicht vollständig verwirklicht werden.

Das Equipment mußte nebeneinander und übereinander installiert werden, was der Übersichtlichkeit keinen Abbruch tat. Für alle Schüle war der Blick auf das gesamte Equipment gewährleistet. Andererseits fehlten einige Zentimeter Kabel, um einen ergonomisch besseren, hufeisenförmigen Aufbau zu ermöglichen. Der Vorteil hätte darin bestanden, daß er drei Schülern einen Arbeitsplatz mit der besonderen Möglichkeit, fast alle Geräte in Reichweite zu haben, geboten hätte.

Zu 9.

Bezüglich der Arbeitsprozesse konnte bei den Schülern eine durchaus kritische Stellung erreicht werden. Sie erkannten die Notwendigkeit arbeitsteiliger Prozesse und kritisierten gleichzeitig das "Nebeneinander- und Nacheinanderarbeiten" im Recordingverfahren, das ein "Miteinanderspielen" nicht erlaubt. Obwohl sie bemängelten, daß man nicht "einfach so drauflosspielen" durfte, zeigten sie Einsicht, daß solche Verfahren nur mit Selbstbeschränkung und Selbstdisziplin durchzuführen sind. Besonders anstrengend und bedauerlich fanden die Schüler auch die vielen zwangsweisen Pausen. Sie plädierten dafür, beim nächsten Mal die Teilnehmerzahl deutlich einzuschränken.

Sehr unkritisch dagegen wurde die Studiotechnik beurteilt, da die Schüler von der Annahme ausgingen, daß ein besseres Studioequipment auch eine qualitativ bessere Musik erzeugen würde und ihre musikalisch-kreativen Leistungen erweitern könnte. Sie glaubten, daß der Computer ihre musikalischen Defizite hinsichtlich musikalisch-handwerklicher Fähigkeiten und kompositorischer Kenntnisse aufheben könnte.

4.2.2. Zusammenfassung

Wie der Modellversuch zeigt, ist es durch handlungsorientierten Unterricht im Rahmen einer Projektwoche möglich, eine professionelle Pop-Produktion mit professionellem und semiprofessionellem Equipment nachzuvollziehen. Es kann festgestellt werden, daß die genannten Lernziele im wesentlichen erreicht wurden. Trotzdem muß das Vorhaben bezüglich des Verhältnisses von Aufwand und Ergebnis kritisch hinterfragt und nach effektiveren Alternativen gesucht werden.

Die folgenden Punkte zeigen die Problematik der Arbeit unter den gegebenen Bedingungen.

Hoher technischer Aufwand
- Das Equipment im Wert von ca. 30.000 DM mußte vom Lehrer privat zur Verfügung gestellt werden;
- der Lehrer muß über große technisch-praktische Kompetenz verfügen;
- mit der Größe des Equipments steigt die Anfälligkeit des Systems;

Unübersichtlichkeit
- Der große Umfang des MIDI-Equipments ist naturgemäß für Nichttechniker unübersichtlich und fordert eine spezielle Einweisung in die MIDI-Technik. Die abstrakten, schwer vermittelbaren Aufnahmevorgänge müssen zusätzlich für die Schüler transparent gemacht werden;
- die Unübersichtlichkeit erschwert das Auffinden von technischen Fehlern;
- das zu große Angebot professioneller Arbeitsmöglichkeiten verstellt den Blick auf das wesentliche für die gestellte Aufgabe nötige Handwerkzeug und verleitet zur Spielerei;
- Patternorientiertes Aufnehmen verleitet zu klanglichen Überfrachtungen, weil die Arbeit auf die Pattern und nicht auf den Song als Gesamtergebnis konzentriert ist.

Digital-Analog Diskrepanz
- Durch die hervorragende Klangqualität der Klangerzeuger im MIDI-Verbund ist es nur mit sehr hohem technischem und finanziellen Aufwand möglich, analoge Aufnahmen mit entsprechender Klangqualität zu erzielen. Eine dumpf klingende oder verrauschte Gesangsaufnahme etwa führt unweigerlich zu Frustration und Entmutigung der Schüler.

Auch eine mit dem Orff'schen Instrumentarium eingespielte Aufnahme kann dazu führen, daß das Klangbild verwaschen erscheint. Während eine im MIDI-Sequenzer eingespielte Aufnahme perfekt editiert werden kann, wird dem Schüler ein genaues Einspielen seines akustischen Instrumentalparts abverlangt. Die Neigung, auf akustische Instrumente zu verzichten, wird dann gefördert, wenn der Schüler im Zusammenspiel mit der genau arbeitenden Maschine unterlegen ist.

Kommunikationsstörungen
- Da im MIDI-System nur nacheinander aufgenommen werden kann, findet ein gemeinsames Musizieren nicht statt. Ein spontanes Erleben und Kommunizieren

durch Musik ist damit ausgeschlossen. Das Musizieren im MIDI-Verbund führt zur Vereinzelung der Schüler.

Organisationsaufwand
- Da die Schüler nicht gleichzeitig Aufnahmen machen können, müssen die restlichen Schüler sinnvollen Aufgaben zugeführt werden, damit sie nicht untätig herumsitzen, weil der für die Einspielungen nötige Zeitrahmen nicht exakt vorausgeschätzt werden kann.
- Bei der Organisation des Unterrichtsablaufs ist zu bedenken, daß die Studioarbeit sehr anstrengend ist und in viele kleinere Phasen eingeteilt werden muß. Für die Arbeit mit dem Kopfhörer dürfen z.B. nie länger als zwanzig Minuten eingeplant werden.
- Einen zusätzlichen Arbeitsaufwand erfordert die durch das arbeitsteilige Verfahren bedingte Einzelarbeit der Schüler. Sie muß immer wieder in einen Gesamtzusammenhang gestellt werden, um die Kommunikation unter den Schülern erneut anzuregen.

Überforderung des Lehrers
- Der Lehrer muß beim Musizieren mit Homerecordingequipment eine multifunktionale Position einnehmen, die der des Musikproduzenten gleicht. Sein musikpädagogisches Wirken wird durch technische und organisatorischen Aufwand erheblich vermindert.

Die folgenden Punkte beschreiben die Vorteile des Musizierens mit Homerecordingequipment:

Hohe Klangqualität und Klangvielfalt
- Die hohe Klangqualität der elektronischen Klangerzeuger wirkt sich motivierend auf die Arbeitshaltung der Schüler aus.
- Da im Multimode einzelnen Stimmen beliebige Klänge zugeordnet werden können, erhalten die Schüler die Möglichkeit, eigene Erfahrungen bezüglich des Einsatzes und der Wirkung von Klängen in der Popmusik zu machen.

Perfekte Aufnahmequalität
- Bei der Arbeit mit Sequenzern ist das patternorientierte Arbeiten üblich. Neben den genannten Nachteilen bietet die patternorientierte Arbeitsweise zweifellos auch Vorteile:

1. Da stückchenweise aufgenommen werden kann, kann die Länge des einzuspielenden Parts beliebig bestimmt und so den instrumentalen Fähigkeiten des Schülers angepaßt werden.
2. Das Tempo kann den individuellen Fähigkeiten ohne Tonhöhenverlust angepaßt werden.
3. Eingespielte Parts können beliebig kopiert und wiederholt werden, wodurch sich die Dauer des Einspielens verkürzt.
4. Die einzelnen Pattern können beliebig editiert und Einspielfehler nachträglich korrigiert werden.

Praxisorientiertes Arbeiten
- Durch die Arbeit mit dem Homerecordingequipment können die Schüler einen realistischen Einblick in die Produktion moderner elektronischer und mit MIDI-Equipment erstellter Popmusik erhalten und eigene Erfahrungen im Umgang damit erwerben. Dadurch kann eine kritisch distanzierte Einstellung zu dieser Musizierweise erreicht werden.

Schlußfolgerung
Angesichts der geringen musikalischen Substanz des produzierten Songs (siehe Anhang) und der niedrigen Anforderungen an die instrumentalen Fähigkeiten der Schüler darf bezweifelt werden, daß die Anforderungen an die Kompetenz des Lehrers und der Umfang des Equipments gerechtfertigt sind.

Der Song hätte im Prinzip genauso gut in zwei Tagen mit dem Orff'schen Instrumentarium bis zur Aufnahme eingeübt, und als Cassettenproduktion eingespielt werden können. Alle Schüler wären in dieser Zeit mit der Einübung ihrer Instrumentalparts, bzw. dem Zusammenspiel beschäftigt gewesen und der Lehrer hätte sich mehr den auftretenden musikpädagogischen Aufgaben widmen können. Das private Ausleihen des Equipments, sowie dessen Installation und Bedienung wären entfallen.

Obwohl die Einsicht in moderne Musikproduktionsweisen durch den Nachvollzug professioneller Aufnahmetechnik erklärtes Lernziel war, drängt sich die Frage auf, ob ein entsprechender Lehrfilm, in Verbindung mit einem Sequenzer und einem Synthesizer nicht auch Genüge getan hätte.

Daß das Verhältnis von Aufwand und Ergebnis bei dem durchgeführten Modellversuch auseinanderklafft, liegt auf der Hand. Es läßt sich daraus aber nicht der prinzipielle Schluß ziehen, daß der Einsatz des Equipments zu umständlich und aufwendig für den Schulunterricht sei. Dazu sind die Anwendungsbereiche und Einsatzmöglichkeiten zu vielschichtig und umfangreich. Trotzdem gibt es einige berechtigte Einwände, die sich aus grundsätzlichen, systembedingten Mängeln herleiten.

Bevor ich zu einer abschließenden Beurteilung komme, möchte ich im nächsten Abschnitt auf diese Probleme kritisch eingehen.

4.3. Die grundsätzlichen Mängel des Homerecordingequipment

Mit der Feststellung Lugerts, es könne *"mit Hilfe eines Computers alles gelehrt und gelernt werden, was softwaremäßig darstellbar ist"* und der sehr detaillierten Aufzählung denkbarer Einsatzmöglichkeiten der 'Neuen Technologien' von Enders/Knolle, scheint sich eine geradezu revolutionäre Erweiterung im Bereich der musikpädagogischen Medien abzuzeichnen.

Um diese verheißungsvollen Einsatzmöglichkeiten wirklich nutzen zu können, scheinen mir in vielen Punkten die materiellen und personellen Grundbedingungen nicht erfüllt zu sein, um einen wirklich sinnvollen und effektiven Unterrichtseinsatz zu gewährleisten.

Die folgenden kritischen Anmerkungen sollen nicht nur auf die vorhandenen Schwachpunkte und Mängel, sondern auch auf Bedenken und potentielle Gefahren, die im Umgang mit Homerecordingequipment entstehen, hinweisen.

4.3.1. Die Überforderung des Lehrers

Zweifellos mangelt es den meisten Musikpädagogen an einer fundierten Informations- und kommunikationstechnologischen Grundbildung. Dazu stellt die "Bildungskommission Für Bildungsplanung Und Forschungsförderung" fest:

"Eine Lehrbefähigung für Informatik kann derzeit nur an wenigen Hochschulen erworben werden. Außerdem ist diese Lehrbefähigung bisher nicht immer

so ausgerichtet, daß die danach ausgebildeten Lehrer eine umfassende informationstechnische Bildung vermitteln können. "[32]

Auch die Kenntnis der verschiedenen Klangsyntheseverfahren, ihre Handhabung, sowie der sichere Umgang mit der Technik des Homerecordingequipments kann nicht als selbstverständlich vorausgesetzt werden. Dies kann auch nicht in einer dreitägigen Lehrerfortbildung, einem Workshop oder sonstigen sogenannten "Crash-Kursen" vermittelt werden.

Enders/Knolle weisen daraufhin, das solche Kompetenz sich nicht *"... in der Aneignung von 'Sachwissen' aus einem MIDI-Handbuch ergänzt von einigen praktischen Übungen parallel zum übrigen Schulalltag erwerben läßt"*.[33]

Sie erwähnen auch, das zu den persönlichen Voraussetzungen langjährige Musizierpraxis sowie eine durch täglichen Umgang mit den technischen Medien erworbene Routine gehört. Hierfür empfehlen sie die Anschaffung von eigenem Equipment, mit dem der Lehrer zu Hause arbeiten und üben kann.[34]

Elleé/Ubben[35] gehen in ihren Forderungen an den Musiklehrer noch weiter: *"Für Projektwochen usw. lohnt der Aufwand unbedingt, sich unter der Schülerschaft, bei Bekannten oder in Musikfachgeschäften mehrere komplette MIDI-Anlagen zusammenzuleihen ..."*.

Mit diesen Empfehlungen der Autoren wird die Situation des interessierten und engagierten Musikpädagogen deutlich: Mit privat angeschafftem, teuren Equipment sollen autodidaktisch Kenntnisse erworben und Erfahrungen gesammelt sowie eigene Methoden für den schulischen Einsatz entwickelt werden.

Dies stellt eindeutig eine Überforderung der Musikpädagogen dar. Ich schließe mich der Auffassung von Rentmeister/Perincioli an: *"Von PädagogInnen die Erarbeitung des neuen Mediums und einer geeigneten Didaktik quasi in ihrer Freizeit zu fordern, zeugt von der tiefen Ahnungslosigkeit ihrer Vorgesetzten. "*[36]

---

32   BUND-LÄNDER-KOMMISSION FÜR BILDUNGSPLANUNG UND FORSCHUNGSFÖRDERUNG, Gesamtkonzept für die informationstechnische Bildung, H. 16, Bonn 1987.
33   ders. S. 271
34   ders. a.a.O.
35   ELLEE/UBBEN, DIRK/ARND-DIETER, Neue Technologien - Visionen für den Musikunterricht, Musik und Bildung, 6/90, S. 368.
36   RENTMEISTER/PERINCIOLI, Computer und Kreativität, Köln 1990, S. 19.

4.3.2. Zur Computerkritik

In der didaktischen Diskussion über die Möglichkeiten des Einsatzes und der Nutzbarmachung des Computers im Musikunterricht wird die Computerkritik kaum erwähnt. Gleichwohl setzte schon recht frühzeitig in den USA eine Kritik ein, die sich zunächst auf die gesellschaftlich-politischen Gefahren und die problematische Auswirkung auf die Arbeitswelt beschränkte.[37] Gewarnt wurde vor dem Glauben, daß mit Computern "alles machbar" sei. Hier bestehe die Gefahr, daß die Logik der Technik die gesellschaftlichen Verhältnisse dominieren und auf negative Weise beeinflussen werde.

Auch in Deutschland wurde und wird der Einsatz von Computern kritisch beobachtet. Der Arbeitswissenschaftler Volpert[38] sieht die Computerrevolution als Folge des *"tayloristischen Denkens"*.[39] Er beschreibt die historische Entwicklung in Stufen:

Kernstück des Taylor-Systems, das die Arbeit als "wissenschaftliche" und "effiziente" Betätigung des Menschen gestalten soll, ist die "Wissenenteignung". In der Vor-Computerzeit bedeutete dies:

"1. Stufe: Spezialisten der Betriebsleitung bekommen die Aufgabe, >all die überlieferten Kenntnisse zusammenzutragen, die früher Alleinbesitz der einzelnen Arbeitenden waren<.
2. Stufe: Diese Kenntnisse gilt es nun >zu klassifizieren und in Tabellen zu bringen<, aus ihnen sind >Regeln, Gesetze und Formeln< zu machen, kurz: >Die Leiter entwickeln ein System, eine Wissenschaft für jedes einzelne Arbeitselement, die an die Stelle der alten Faust-Regel-Methode tritt<.
3. Stufe: Diese >Wissenschaft< ersetzt nun >das Gutdünken des einzelnen Arbeiters<. Denn nun wird >die zu leistende Arbeit eines jeden Arbeiters von der Leitung wenigstens einen Tag vorher aufs genaueste ausgedacht und festgelegt. Der Arbeiter erhält gewöhnlich eine ausführliche schriftliche Anlei-

---

37 WEIZENBAUM, führender amerikanischer Computerspezialist, gilt gleichzeitig als vehementester Kritiker des Einsatzes von Computern, siehe dazu: WEIZENBAUM, JOSEPH, Die Macht der Computer und die Ohnmacht der Vernunft, Frankfurt/M 1977.
38 VOLPERT, WALTER, Zauberlehrlinge, Die gefährliche Liebe zum Computer. München 1988.
39 FREDERICK W. TAYLOR begründete Ende des letzten Jahrhunderts das Taylor-System (Rationalisierung durch Messung von Arbeitsabläufen und Rationalisierung durch Arbeitsteilung). Seine Theorien wurden später als menschenfeindlich bewertet. Siehe dazu: TAYLOR, F.W.: Die Grundsätze wissenschaftlicher Betriebsführung. Weinheim 1977 (Neudruck).

tung, die ihm bis ins Detail seine Aufgabe, seine Werkzeuge und ihre Handhabung erklärt<."[40]

Auch im Computerzeitalter wird die tayloristische Tradition der "Wissensenteignung" fortgesetzt. Dies geschieht vor allem im Bereich der sogenannten 'Expertensoftware'.[41] Experten sind in der Industrie teuer, weil ihr Wissen in jahrelanger Arbeit erworben werden mußte. 'Expertensysteme' sind dagegen vergleichsweise billiger und für jedermann verfügbar zu machen. Die Erstellung entsprechender Software geschieht daher in bereits bekannter Weise:

"1. Stufe: Der >Wissensingenieur< nimmt sich die einschlägigen Lehr- und Fachbücher vor. Er weiß aber, daß diese nicht genügen. Deshalb ist er ... auf die Mitarbeit von Experten angewiesen. Deren Spezialkenntnisse müssen nun >mühsam aus ihren Köpfen herausgeholt werden, ein Juwel nach dem anderen<.
2. Stufe: Nachdem die Wissensingenieure >die kostbaren Juwelen gesammelt haben, bauen sie Wissensbanken auf, den wichtigsten Teil der Expertysysteme<. Nach vielfachen Erweiterungen, Rücksprachen mit den Programmierern und Korrekturen entsteht so das Expertensystem.
3. Stufe: Das System wird nun eingerichtet, und die Experten (die noch verblieben sind) werden angehalten, sich nach ihm zu richten. Das eigene Wissen tritt ihnen - ganz wie früher Taylors Arbeiter - als eine fremde Vorschrift gegenüber."[42]

Volpert sieht als Folge des Einsatzes nicht nur den erhöhten Leistungsdruck, die Arbeitsüberwachung und die Einengung des Handlungsspielraums, sondern prognostiziert auch die Einschränkung der Kreativität für die Anwender:

- *"Sie stehen einem großen und wenig beeinflußbaren Programmsystem gegenüber. Über die Grundsätze und Regeln, nach denen das Programm funktioniert, wissen sie nicht allzu viel.*
- *Durch das leistungsfähige Programmsystem werden alle Arten von Varianten- und Kombinationslösungen - also das Alte, etwas verändert - erheblich erleichtert. Auch das verführt den Ingenieur auf den vorgezeigten Wegen zu bleiben.*
- *Da der Leistungsdruck steigt und die Zeitvorgaben enger werden, fehlt auch jenes Mindestmaß an >Muße< und Zeit zum Herumprobieren, das für kreative Leistungen unerläßlich ist.*

---

40 VOLPERT, 1988, S. 30.
41 "Expertenprogramme" bezeichnen Programme, die bestimmte Faktoren mit Ableitungsregeln versehen können (bestimmte Krankheiten können so beispielsweise mit bestimmten Behandlungsmethoden oder Medikamenten in Beziehung gesetzt werden).
42 ders. S. 32 f.

- *Schließlich steigt bei der computergestützten Ingenieurstätigkeit die Distanz zum konkreten Produkt und zum konkreten Produtionsprozeß ganz erheblich. Gerade die ... Künstler, aber auch Designer und Ingenieure, äußern jedoch sehr häufig die Erfahrung, daß der schöpferische Prozeß die Nähe zu diesem Konkret-Materiellen erfordert. Man muß das Ding, um das es geht, sehen, begreifen - dann kann man wieder zurück zum Entwurfstisch. Seit Jahrhunderten sind die Menschen davon überzeugt, daß man, wenn man vernünftige Lösungen finden will, einen Praxisbezug haben muß."*[43]

Volpert zitiert dazu eine offizielle Broschüre des Stanford Research Institute:

"Die Verfügbarkeit des >Expertenwissens an Ort und Stelle< (das als das Bestmögliche betrachtet wird) kann und wird uns wahrscheinlich zur Abhängigkeit von den Systemen führen und wird unsere Neigung, Antworten außerhalb der Grenzen konventionellen Wissens zu suchen, reduzieren."[44]

In Deutschland setzte die Kritik am Computereinsatz in der Schule zu Beginn der achtziger Jahre ein. Sie war vor allem eine Antwort auf die Betriebsamkeit der Kultusminister, den Fachbereich Informatik durch massive Förderung an den Schulen der Länder zu etablieren.[45] Drei Gründe waren dafür ausschlaggebend:

- Der wirtschaftlich erfolgreiche Ansturm Japans auf die Weltabsatzmärkte, der auf eine technologische Überlegenheit der Japaner zurückgeführt wird. Parallelen zum Sputnik-Shock in den fünfziger Jahren, ausgelöst durch die UDSSR, sind hier erkennbar. Auch damals wurde aus Angst den Anschluß zu verpassen, mit grundlegenden Bildungsreformen und der Stärkung der naturwissenschaftlichen Bereiche reagiert.
- Der Druck der Industrie, die einen großen Bedarf an informationstechnologisch ausgebildeten Arbeitnehmern anmeldete,[46] sowie die Computerhersteller, die angesichts des riesigen "Absatzmarktes Schule" diesen Druck förderte.[47]

---

43 ders. S. 41 f.
44 zitiert aus VOLPERT 1988, S. 41.
45 1985/86 begann das Berliner Pilotprojekt zur Informationstechnischen Grundbildung an Berliner Schulen, an dem sich sieben Schulen verschiedenen Typs beteiligten. Siehe hierzu: SENATOR FÜR SCHULWESEN, BERUFSAUSBILDUNG UND SPORT, Pilotprojekt: Informationstechnischer Grundkurs in Berliner Schulen, Berlin 1987.
46 Die Bund-Länderkommission schätzte, daß "bis zum Jahre 1990 etwa 70% aller Beschäftigten von den neuen Informationstechniken unmittelbar betroffen sein würden". BUND-LÄNDERKOMMISSION, Bonn 1987, S. 7.
47 Zu den raffiniertesten Mitteln und Methoden im Kampf der Computerhersteller um Schulanteile, siehe: Alarm in den Schulen: Die Computer kommen, in: DER SPIEGEL, Nr. 47, 38. Jahrg., 1984, S. 97 ff.

- Die Angst vor der privaten und kommerziellen Konkurrenz. Gemeint ist damit der Auszug von "Bildungsmitteln" (in diesem Falle Computern) aus der Schule in den privaten Haushalt, und die Furcht der Pädagogen, von außerschulischen Wettbewerbern verdrängt zu werden.

Diese Furcht des auf aktuelle Tendenzen immer langsam reagierenden Bildungssystems fand seine Berechtigung in der massenhaften Verbreitung von Homecomputern und den wie Pilze aus dem Boden schießenden privat betriebenen Computershops, Computerschulen und Computercamps, die den Käufer mit Schulungsangeboten locken.[48]

Gegen den bedenkenlosen Einsatz von Computern im Schulunterricht formierte sich unter vielen Pädagogen heftige Kritik. Von Hentwig fürchtet beispielsweise die Gefahr der Abhängigkeit und eine immer tiefer in private Bereiche eindringende Technik. Er warnt vor der 'telematischen Gesellschaft'.[49]

> *"Die Herstellung, wovon auch immer, hat in einer Kultur der Massenproduktion Folgen für alle; die Güter bestimmen unsere Lebensformen; wird, wie in den (Neuen) Medien, Vorstellung zur Ware, sind unsere Denkformen, unsere rationalen Kontrollen betroffen; wir geben die Verfügung über uns und unsere Lebensgemeinschaft mit beinahe jeder Kaufentscheidung aus der Hand, deren Folgen wir uns nicht bewußt gemacht haben."*[50]

Er zitiert dazu Günter Anders:

> *"Da es dem König aber wenig gefiel, daß sein Sohn, die kontrollierten Straßen verlassend, sich querfeldein herumtrieb, um sich selbst ein Urteil über die Welt zu bilden, schenkte er ihm Wagen und Pferd. >Nun brauchst du nicht mehr zu Fuß gehen<, waren seine Worte. >Nun darfst du es nicht mehr<, waren deren Sinn. >Nun kannst du es nicht mehr<, deren Wirkung. (Bd. I, S. 97)."*[51]

Daß der Computer zum Alltagsleben von Jugendlichen gehört, ist augenscheinlich. Als eine Art "elektronische Einstiegsdroge" können dafür durchaus die Videospiele gesehen werden, die heute auch als handliche Geräte angeboten werden (Nintendo - Game Boy). Daß auch die Computer bei den Jugendlichen hauptsächlich für Video-

---

48 ausführlich dazu: EURICH, CLAUS, Computerkinder, Hamburg 1985, S. 34 ff.
49 "Telematique" wird in Frankreich die Verflechtung von Telekommunikation und Informatik genannt.
50 HENIWIG, HARTMUT VON, Das allmähliche Verschwinden der Wirklichkeit. Ein Pädagoge ermutigt zum Nachdenken über die neuen Medien, München 1984, S. 58.
51 ebenda.

spiele genutzt werden, ist empirisch nachgewiesen.[52] Sie ersetzen die Spiele, die ehemals in der Familie oder in Gruppen gespielt wurden. Das Zurückdrängen der menschlichen Kommunikation zugunsten einer Mensch-Maschine-Beziehung wird daher neben den Gefahren des zunehmenden Realitätsverlustes ("Wirklichkeit aus zweiter Hand") und der Abhängigkeit von der Technik als mögliche negative Auswirkung der Elektronisierung befürchtet. *"Die etwaige Flucht aus der technisierten Arbeitswelt würde in eine technisierte Freizeit münden."*[53] Meine Erfahrung an der Hauptschule zeigt, daß eine intensive, unaufgeklärte, spielerische Beschäftigung mit informationstechnischen Systemen im Kindes- und Jugendalter den Aufbau eines kritischen Urteilsvermögens nicht fördert, vor allem wenn der Computer nur die Wahl zwischen "Wahr" und "Falsch" läßt.[54]

Ein weiteres Problem, das Volpert[55] als *"Gespensterform des Handelns"* bezeichnet, ist das der Selbsttäuschung. Dieses Phänomen hat für den Musikbereich besondere Bedeutung. Gemeint ist das Handeln in einer vorgefertigten, künstlich schönen und künstlich geregelten Welt, das Kommunizieren mit einem scheinbar real existierenden Partner.

Tatsächlich werden dafür von der Musikindustrie alle nur denkbaren Hilfsmittel geliefert (z.B. immer perfekter arbeitende, intelligente Begleitautomatiken, fertige Rhythmuspattern, Kompositionssoftware, tausende von elektronischen und "natürlichen" Klängen), durch die sich nicht nur Schüler, sondern auch viele Musiker in die Lage versetzt sehen, alle musikalisch Vorstellungen unabhängig von anderen Musikern verwirklichen zu können. Ihre technische Perfektion übt eine Faszination aus, der sich heutzutage kaum ein Musikliebhaber entziehen kann. Schmitt stellt dazu fest:

"Seine Partner sind digitale Klangverarbeitende Effektgeräte, Klangprozessoren, computerisierte Mischpulte und vieles andere mehr. Hier zeigt sich übrigens eine interessante Parallele zur Situation des Musikhörers, dessen Gegenüber häufig nicht mehr der Musiker, sondern die HiFi-Anlage ist."[56]

---

52   MÖLLER, KURT, Computerspiele - Kinderkram? In: Adolf-Grimme-Institut (Hg.): Was tun mit der Zeit? Band 2, Medienfreizeit/Freizeitmedien, Marl 1984, S. 33 ff.
53   LUGER, KURT, Medien im Jugendalltag, Graz, Wien 1985, S. 83.
54   ders. a.a.O.
55   VOLPERT, WALTER, Zauberlehrlinge. Die gefährliche Liebe zum Computer, München 1985, S. 52 ff.
56   SCHMITT, RAINER, Es herrscht trügerische Ruhe im Land. Gedanken zur Notwendigkeit einer Neuorientierung in der Musikdidaktik. Neue Musikzeitung, Nr. 3, Juni/Juli 88, S. 27.

Es stellt sich folgendes musikpädagogisches Problem:

Der perfekt imitierte typische Phil Collins Drumsound im Drumcomputer und der in einer Software angebotene typische Phil Collins Beat läßt den Computeranwender scheinbar über die musikalischen Fähigkeiten eines Phil Collins verfügen und fördert eine Identifikation mit dem Musiker. Es ist dann ganz leicht zu übersehen, das Phil Collins zu den weltbesten Rockschlagzeugern gehört und ein hervorragender Live-Musiker ist, der zudem als Komponist, Arrangeur und Produzent mehrfach mit dem Grammy Award[57] ausgezeichnet wurde.

Das Problem besteht in der Fehleinschätzung des Mediums Computer als zentraler Punkt und Auslöser von musikalischer Kreativität. Gerade bei Schülern ist die Technikgläubigkeit besonders stark: Je besser die Computerhard- und Software, um so größer die eigenen Fähigkeiten. Kommt es zu unbefriedigenden musikalischen Ergebnissen, so wird die Schuld schnell auf die angeblich mangelhafte Hard- und Software abgewälzt.

Dieser Selbsttäuschung und Fehleinschätzung, die durch eine Überbetonung der Bedeutung des Computers entsteht, kann nicht nur die Verkümmerung musikalisch-instrumentalen Handwerks nach sich ziehen, sondern auch in eine Kreativitäts-Sackgasse führen. Die Musikpädagogik wird hierzu in Zukunft gewaltige Anstrengungen vornehmen müssen, um solchen negativen Entwicklungen entgegensteuern zu können. (Wie sollen Schüler z.B. zukünftig dazu motiviert werden, mühselig ein einzelnes akustisches Instrument zu erlernen, wenn in einem Keyboard hunderte von Klangfarben per Knopfdruck abrufbar sind?).

Zwar wird immer wieder darauf hingewiesen, daß der Umgang mit den 'Neuen Technologien' auch der Erziehung zur Kritikfähigkeit dienen könne. Wie das geschehen soll, bleibt vorerst fraglich. Eine Kritikfähigkeit zu erlangen, scheint mir zum jetzigen Zeitpunkt primär ein Problem der Musikpädagogen zu sein. Hat er sich nämlich z.B. in ein System eingearbeitet, kennt alle Einsatzmöglichkeiten und hat die Leistungsgrenzen ausgemacht, so ist schon längst ein Nachfolgeprogramm auf dem Markt, das diese Grenzen aufhebt.

---

57   analog zum Film Oskar, die höchste Auszeichnung der amerikanischen Schallplattenindustrie.

Eurich[58] faßt die wesentlichen Punkte der pädagogischen Bedenken beim Einsatz von Computern in der Schule zusammen:

- Die Kanalisierung körperlicher Antriebe durch Vereinseitigung sensorischer Inanspruchnahme;
- Die Zerstörung des Kindseins durch unangemessene Manipulierung der geistigen Entwicklung. Während sie nach Piaget/Wygotsky u.a. eher egozentrisch auf sich selbst bezogen sind, werden sie in der behaglich ausgewogenen Welt der Computerlogik in ihrer kindlichen Ich-Bezogenheit bestärkt, weil diese nicht mehr durch soziale Kontakte mit anderen Menschen aufgebrochen wird.
- Die zu frühe Festlegung auf die linke Hirn-Hemisphäre, die das mathematische, sprachlich-logische und linear-sequenzielle Denken entwickelt. Die beidseitige Entwicklung und der Austausch von linker und rechter Hirn-Hemisphäre, die das ganzheitlich-assoziative, gefühlsbetonte, bildhaft-räumliche Denken entwickelt, ist massiv gestört;
- Verstärkung der Mediatisierung der Erfahrung: was nicht auf dem Bildschirm geschieht, wird nebensächlich;
- Die Armseligkeit der Symbolwelt von Computersprachen reduziert ästhetisches Wahrnehmen und die Fähigkeit, Welt zu erfahren;
- Die Eindeutigkeit der Computersprachen führt zu einer Algorithmisierung von Denkprozessen, in denen kritische Einwände nur noch im Rahmen des Programms, soweit sie vorgesehen sind, stattfinden können.

Die pädagogische Diskussion der Kritiker fand in den Lehrplänen allerdings kaum Niederschlag (siehe z.B. den Rahmenplan für die Berliner Schulen, Grundkurs Informationstechnische Grundbildung).[59]

4.3.2.1. Der Computerarbeitsplatz

Der Computer als Arbeitsplatz ist ein Einzelarbeitsplatz, der für den Unterricht im Klassenverband weitgehend ungeeignet ist. Sein Einsatz wird hauptsächlich im Projekt und AG-Bereich möglich sein.

---

58 zitiert aus: ARMBRUSTER, BRIGITTE/KÜBLER, HANNS-DIETER (Hrsg.), Computer und Lernen, Opladen 1988, S. 18 f.
59 SENATSVERWALTUNG FÜR SCHULE, BERUFSBILDUNG UND SPORT (Hrsg.), Vorläufiger Rahmenplan für Unterricht und Erziehung in der Berliner Schule, Grundkurs Informationstechnische Grundbildung, Berlin 1989.

Ausnahmen bilden hier nur sein
- Einsatz mit vorbereiteten 'Spiel-Mit-Sätzen' zum Musizieren im Klassenverband
- Einsatz als Gegenstand der Unterrichtsbetrachtung
- Einsatz zur Gehörbildung
- Einsatz zur Analyse
- Einsatz zur graphischen Darstellung musikalischer Vorgänge
- Einsatz zur graphischen Darstellung von Klängen.

Da der Bildschirm für den Unterricht im Klassenverband zu klein ist, kann der Computer für die graphische Darstellungen nur in Verbindung mit einem Over Head Display eingesetzt werden, um allen Schülern ausreichend Einblick zu gewähren und sie am Geschehen teilhaben zu lassen.

Auf die Probleme, die beim Einsatz von Computern auch im AG- und Projekt-Bereich auftreten, weist Gies hin:[60]

> *"Es ist zu vermuten, daß Probleme, die seinerseits bei der Arbeit im Sprachlabor auftauchten, sich auch im Computerlabor wieder stellen werden. In vielen Bereichen liegen Analogien auf der Hand: Technische Anfälligkeit und mangelnde Robustheit des Systems, mangelndes Verantwortungsgefühl des einzelnen für die schuleigenen Geräte, ermüdende und unpersönliche Arbeitsatmosphäre, Isolation des einzelnen Schülers, etc ...".*

Gies hat damit die wichtigsten Probleme, die bei der Einrichtung von Computerarbeitsplätzen entstehen, genannt. Es scheint mir z.B. eine Verbindung der Fachbereiche Informatik und Musik nicht möglich, auch wenn ein gut ausgestatteter Informatikbereich, an einer Gesamtschule etwa, diesen Gedanken nahelegt. Ein Musikfachbereich, der das Informatiklabor mitnutzen würde, käme dadurch in eine Abhängigkeit, die den Fachbereich Musik schnell zu einem Anhängsel der Informatik geraten ließe. Zudem ist zweifelhaft, ob sich hier ergonomisch sinnvolle, den unterschiedlichen fachlichen Belangen Rechnung tragende Arbeitsplätze einrichten lassen. Computerlabore dieser Größenordnung würden mit Sicherheit die von Gies genannten Probleme hervorrufen. Es ist auch zu bedenken, daß der Vergleich mit dem Sprachlabor noch untertrieben ist: Die Vernetzungen von Computern im MIDI-Verbund sind weitaus komplexer und mit höherem technischem Aufwand verbunden als die Verkabelung eines Sprachlabors.

---

60   GIES, STEFAN, Perspektiven der Computeranwendung in der Musikpädagogik, MuB 6/89, S. 330.

Durch die systembedingte Komplexität ist ein fester Arbeitsplatz, an dem alle Geräte fertig verkabelt sind, eine wesentliche Voraussetzung. Schulen, die nicht über einen besonderen Raum verfügen, sind hier benachteiligt. Ein ständiger Auf- und Abbau des Equipments stellt eine zusätzliche Belastung für den Lehrer und eine größere Abnutzung des Equipments dar.

Die Arbeit am Computerarbeitsplatz selbst ist von einem Verlust an Sinnlichkeit, der sonst im Umgang mit Instrumenten entsteht, begleitet. Das Eingeben eines Rhythmuspattern über eine Tastatur und das anschließende Editieren am Computer besitzt nicht die Körperlichkeit, die dem Spiel auf dem Drum-Set innewohnt. Dem Ausleben von Körpermotorik ist kein Platz gegeben.

Erschwerend kommt die Isolation hinzu, die mit dem Einzelarbeitsplatz einhergeht. Befinden sich mehrere Computerarbeitsplätze nebeneinander, kann die Arbeit nur mit Kopfhörern durchgeführt werden, was auf Dauer eine enorme Belastung darstellt. Sie äußert sich in Kopfschmerzen und Konzentrationsschwierigkeiten.

4.3.3. Software

Die zur Zeit auf dem Markt befindliche Software ist in erster Linie auf die Belange der professionellen Musiker und die Anforderungen der Musikindustrie zugeschnitten.

Auch das derzeit wohl beste Sequenzerprogramm Cubase[61] von Steinberg, das bezüglich Übersichtlichkeit, Bedienungsfreundlichkeit, technische Möglichkeiten und graphische Darstellungen weit über das vom Twenty Four und Creator Gewohnte hinausgeht, ist nur bedingt für den Unterricht einsetzbar.

Ich entschied mich beispielsweise bei meinem Projekt "Hier kommt Kurt" für den Einsatz des Twenty Four. Ausschlaggebend dafür war, daß ich diesen Sequenzer durch zweijährige Arbeit als Musiker kennen- und sicher beherrschen gelernt habe. Mit Cubase arbeite ich zwar seit etwa einem Jahr mit wachsender Begeisterung. Bis ich dieses Programm mit seinen überwältigend vielen Möglichkeiten aber soweit

---

61 In der 2.0. Version bietet Cubase nicht nur den Notenausdruck, sondern auch für den Unterricht nützliche Möglichkeiten, wie die AUTO SAVE Funktion, die in einstellbaren Intervallen die Ergebnisse speichert, ohne den Arbeitsprozeß zu unterbrechen.

beherrsche, daß ich es im Unterricht sicher einsetzen kann, wird noch einige Zeit vergehen.

Das Gleiche gilt für alle mir bekannte Software.[62] Die meisten Programme brillieren durch mehr oder weniger übersichtlich gegliederte, oft überladene Benutzeroberflächen, die allen nur denkbaren professionellen Erfordernissen entsprechen sollen. Besonders schwierig stellt sich das in der Klangsynthese dar, obwohl man sich durchaus erfolgreich große Mühe gegeben hat, physikalische Vorgänge graphisch einleuchtend darzustellen.[63]

Auch die abgespeckten Versionen bekannter Sequenzerprogramme (z.B. Steinberg Twelve) sind keine Lösung. Hier wurde die Anzahl der Tracks des Twenty Four halbiert, dafür fehlt aber auch der Grid-Editor. Gerade er aber ist für die graphische Darstellung der musikalischen Parameter besonders wichtig. Während im Bereich der Harmonielehre und Gehörbildung[64] schon die ersten Ansätze einer speziell pädagogisch ausgerichteten Software vorhanden sind, besteht in dem viel wichtigeren Bereich der Sequenzer und Klangsynthese noch ein großer Nachholbedarf.[65] Die vorhandene Software ist nicht auf die musikpädagogischen Erfordernisse wie Handhabbarkeit durch Lehrer und Schüler, Übersichtlichkeit und didaktische Zielrichtung ausgerichtet.

4.3.4. Keyboards

Für den Einsatz der Keyboards im Musikunterricht gilt das in Abschnitt 3.1.2.2. gesagte: Die Computerisierung der Keyboards und die immer größer werdende Anzahl der editierbaren Parameter macht sie als Instrumente unhandlicher und unübersichtlicher.

Wurden bei den alten analogen Synthesizern die Parameter durch Schieberegler und Potentiometer direkt beeinflußt und so ihre Funktion und Wirkung sofort sichtbar, so

---

62   1st Track Geerdes Softarts.
63   C-LAB Matrix 1000, Steinberg TX 81Z Editor.
64   SCHOTT, Computerkolleg Musik - Gehörbildung.
65   Das gleiche gilt für die Education-Serie von C-LAB, die im Sequenzerbereich eine lediglich reduzierte Version des Creator Programms anbietet. Siehe dazu: KLEMME, WOLFGANG, Der musikalische Hauslehrer, die Education-Serie von C-LAB, in: Musik und Bildung, H. 3, 1991, S. 69 f.

sind an ihre Stelle heute multifunktionelle Tipptaster getreten, deren Funktionsweise dem Anfänger ein hohes Maß an Abstraktionsvermögen abfordern.

Während die Subtraktive Synthese außerdem leicht erklärbar und nachvollziehbar ist, handelt es sich bei den neueren Verfahren wie der FM-Synthese von Yamaha um außerordentlich komplexe und komplizierte Vorgehensweisen, die nur sehr schwer darzustellen sind.

Die Behandlung von Punkt-, Schwebe-, Gleit- und Schichtklängen, wie sie vom Rahmenplan vorgeschrieben ist, ist z. B. anhand eines Yamaha DX 7 viel zu kompliziert.

Ein weiteres Problem sind die meist zu kleinen Displays der Keyboards, die es unmöglich machen, zu zweit an einem Keyboard zu arbeiten, weil die Schrift schon bei einer leicht seitlichen Position nicht mehr erkennbar ist.

Da die alten analogen Synthesizer nicht mehr gebaut werden und nur noch auf dem Gebrauchtwarenmarkt zu erstehen sind, muß der Lehrer die entsprechenden Anschaffungen privat finanzieren, wenn er sich umständliche und langwierige Genehmigungsverfahren, die dem spontanen Gelegenheitskauf entgegenstehen, ersparen will.

Das oben Gesagte gilt auch für die Effektgeräte. Verfügen sie über editierbare Parameter, so finden sie auf den viel zu kleinen Displays meist kein Platz. Häufig sind nur einzelne Parameter sichtbar, andere müssen über Sub-Menüs angewählt werden. Die Handhabung ist also auch hier kompliziert und unübersichtlich.

4.3.5. Die Veralterung des Instrumentariums

Jede Zeit und jede Musikmode hat ihr eigenes, spezifisches Instrumentarium. Gerade im Bereich der Popmusik ist der ständige Wechsel lebenswichtig für den Absatz der Instrumentenhersteller. Wie der nächste Trend aussieht und welcher Instrumente er sich bedienen wird, ist kaum vorhersehbar. Tatsache ist, das heute jede gekaufte Computerhard- und Software oder jeder neue Synthesizer am nächsten Tag von einer verbesserten Version oder Neuerscheinung in den Schatten gestellt werden kann und dann in seinen Möglichkeiten als veraltet gilt.

So kostete mein 1985 gekaufter Jupiter 8 von Roland neu 12.900 DM. Heute wird er auf dem Gebrauchtwarenmarkt für durchschnittlich 2.300 DM angeboten.

Bei Geräten niedriger Preisklassen (Casio und die D-Serie von Roland) ist jeweils ein Verfall der Neupreise um über die Hälfte innerhalb von zwei Jahren zu beobachten. Neue, sehr viel bessere Geräte werden dann auf dem Markt angeboten.

Aufgrund der rasanten und kaum nachzuvollziehenden Entwicklung ist es daher nie möglich, immer "up to date" zu sein, eine Forderung, die jedoch für die Popmusik charakteristisch und zwingend ist.

Die Veralterung der Instrumente entsteht aber nicht nur durch ihre ständige Weiterentwicklung und Verbesserung, sondern auch durch ihren weitverbreiteten Gebrauch. Gemeint ist der Klang der Instrumente. War kurz nach Erscheinen des Yamaha DX 7, sein brillianter, glockenartiger Pianosound auf fast allen modernen Produktionen zu entdecken, so machen die Musiker heute einen großen Bogen darum. Der typische Klang besitzt durch seinen inflationären Einsatz nichts Spektakuläres mehr, zu groß ist der Gewöhnungseffekt beim Konsumenten. Der Sound, manchmal sogar das Instrument, gilt dann als "verbrannt". Zu einem weiteren Problem kann es kommen, wenn neue Hard- und Software nicht mehr kompatibel mit dem alten Equipment sind. Die Schnelligkeit in der Entwicklung der Unterhaltungselektronik hat dies in den letzten Jahren mehrfach gezeigt.

Mit professionellem oder semi-professionellen Equipment zu arbeiten, bedeutet daher auch immer, aktuellen Entwicklungen auf dem technologischen Markt unterworfen und ausgesetzt zu sein.

4.3.6. Die Motivation der Schüler

Die Einführung des Homerecordingequipment im Unterricht stößt bei den Schülern zweifellos auf Interesse und wirkt zunächst motivierend. Über die Motivationsdauer läßt sich jedoch keine Aussage machen, weil es dazu noch keine wissenschaftlichen Langzeituntersuchungen gibt. Ich kann mich daher nur auf eigene Unterrichtsbeobachtungen stützen, die denen Jerrentrups[66] entsprechen, der diesbezüglich eine eigene Schülertypologie erstellt hat:

---

66 JERRENTRUP, ANSGAR, Die Angst des Lehrers ... MuB 6/89, S. 332.

- Die Begeisterten, die jedoch schnell ihre Motivation verlieren, wenn mit dem Instrumentarium ernsthaft gearbeitet werden soll;
- die "Technik-Freaks", die die Geräte unter rein technischen Gesichtspunkten wertschätzen;
- die im Musikunterricht unbedarft erscheinenden Schüler, die angesichts des Computers plötzlich eine enorm hohe Motivation aufweisen;
- die Mädchen, die sich vor der Klasse nicht an das Gerät trauen;
- die Schüler, die aus unterschiedlichen Gründen den 'Neuen Technologien' reserviert gegenüber stehen.

Auch die Tatsache, daß viele Schüler zu Hause täglich mit Computern umgehen (und hier vor allem Spiele spielen), läßt den grundsätzlichen Umkehrschluß, daß 'Neue Technologien' im Unterricht automatisch besondere Motivation hervorrufen, nicht zu.

Wie in meinem Projektversuch beschrieben, kann das schwerfällige Musizieren im MIDI-Verbund auch demotivierend wirken. Es besteht die Gefahr, daß das spontane, kommunikative Musizieren und die damit einhergehende Kreativität im komplexen MIDI-System absorbiert wird, wenn das Programmieren selbst kleinster Schritte zu zeit- und arbeitsaufwendig wird.

In den zweieinhalb Jahren, in denen ich an meiner Schule Homerecording-AG's anbiete, konnte ich auch den in Abschnitt 4.2.5. beschriebenen Abnutzungseffekt von Klängen beobachten. Besonders von den spektakulären Klängen waren die Schüler zunächst begeistert. Das Interesse ließ aber rasch wieder nach, wenn die Betätigung am Keyboard über die reine Spielerei hinausging und musikalische Inhalte erarbeitet wurden.

Ich kann also nicht bestätigen, daß die Faszination hervorragender oder außergewöhnlicher Klänge für eine besonders langanhaltende Motivation bei den Schülern sorgt.

Die im MIDI-System spezifische Arbeitsweise bietet aber auch erweiterte Unterrichtsmethoden. Elleé/Ubben sehen durch den Einsatz des Computers als "Mitspieler" wesentlich bessere und motivierende Lernvoraussetzungen. Im Bereich der Blues-/Jazzimprovisation lassen sich z.B. beim 'Call and Response' musikalische Lücken arrangieren, die der Schüler improvisatorisch ausfüllen kann.

> *"Die Schüler/innen haben weniger Hemmungen, weil sie sich ja in ein fertiges Arrangement klanglich eingebettet wissen; sie sind nicht alleingelassen ... Die ganze Darbietung kann nicht soweit erschüttert werden, daß sie ganz zusammenbricht; die Maschine spielt ja trotz aller eventuellen Fehler unbeirrt weiter, ohne dem Improvisationsanfänger irgend etwas anzukreiden."*[67]

Bezüglich der verbesserten Lernvoraussetzungen, ist Elleé/Ubben durchaus recht zu geben. Dennoch ist ein programmierter Blues als Mitspieler in den Bereich der 'Drill and Practise'-Programme zu verweisen. Ein solches Programm, daß in seinen, sich ständig gleichförmig wiederholenden Übungsphasen, die musikalische Ästhetik einer Drehorgel besitzt, kann nach meinen Erfahrungen nur für kurze Übungen eingesetzt werden und dient der Motivierung nur wenig.

4.3.7. Die möglichen Verbesserungen am Homerecordingequipment

Bei der Betrachtung der Mängel des Homerecordingequipment kann man zwischen systemimmamenten, unveränderbaren und behebbaren Mängeln unterscheiden. Zu den systemimmamenten und unveränderlichen Mängeln gehören mit Sicherheit:

- der Mangel an Sinnlichkeit, den auch MIDI-Controller nicht wirklich beheben können;
- die Begrenztheit des Computerarbeitsplatzes als Einzelarbeitsplatz.

Die technische Komplexität dagegen, die den Lehrer schnell überfordern kann, legt die Überlegung nahe, ob dieses Defizit nicht durch eine erweiterte Lehrerausbildung ausgefüllt werden könnte.

Dies wäre allerdings dann fragwürdig, wenn durch entsprechende Maßnahmen dafür wichtige musikpädagogische Bildungsinhalte reduziert werden müßten. Ein anderer Weg scheint mir sinnvoller. Die Beschaffenheit des Equipments sollte auf ein Maß reduziert werden, das es für jeden Lehrer nach kurzer Einarbeitungszeit bedienbar und im Unterricht problemlos einsetzbar macht.

Hierfür wäre es unbedingt erforderlich, ein unter didaktischen Gesichtspunkten reduziertes Equipment zu entwickeln, das im Kleinen die grundlegenden Möglichkeiten

---

67 ELLEE/UBBEN, DIRK/ARND-DIETER, Neue Technologien - Visionen für den Musikunterricht, Musik und Bildung 6/90, S. 368.

des Großen beinhaltet und ganz auf die musikpädagogischen Erfordernisse hin konzipiert ist. Dies ist durchaus möglich.

Es gibt gut durchdachte und übersichtlich aufgebaute Keyboards, die sich für Demonstrationszwecke des Lehrers und für Klangexperimente der Schüler eignen, z.B. den Spielzeug-Sampler SK-5 der Firma Casio. Der preisgünstige Sampler, der leider nicht mehr hergestellt wird und dessen Stückpreis bei der Bestellung von 10 Samplern abzüglich Schulrabatts bei 150 DM lag, verfügt über 6 Wellenformen, Loop und Reverse Funktionen zum Bearbeiten der Samples; vier Samples können gleichzeitig gespeichert werden. Damit ist die Möglichkeit für eine Reihe von Klangexperimenten gegeben.

Die Samples können nicht nur über die Tasten in verschiedenen Tonhöhen sondern auch über kleine Drumpads abgerufen werden, so daß die typischen Rap Music Effekte wie die Rhythmisierung von Sprachsamples, problemlos durchzuführen sind.

Eine Playbackfunktion (bis zu 496 Noten) erlaubt es den Schülern, zu ihrem eigenen aufgenommenen Playback (es stehen zusätzlich 10 Presetrhythmen und 8 PCM-Presetsounds zur Verfügung) zu spielen. Es soll nicht verschwiegen werden, daß diese Spielzeug-Keyboards nicht zuletzt wegen ihres niedrigen Preises nicht das Optimum von Unterrichtskeyboards darstellen (Mini-Tastatur, Klangqualität der eingebauten Lautsprecher, Robustheit etc.). Trotzdem weisen sie den richtigen Weg:
- Einfachheit und schnelle Handhabung;
- Übersichtlichkeit im Aufbau;
- Wesentlichkeit in der Ausstattung;
- Vielseitigkeit der Einsatzmöglichkeiten.

Auch im Bereich der Software gibt es eine Reihe von Maßnahmen, die die Arbeit im schulischen Bereich erleichtern können. So kann bei den Sequenzern eine Aufteilung des Programms auf mehrere Disketten erfolgen, um die Übersichtlichkeit zu wahren. Dem Anfänger würde so die Unübersichtlichkeit der gesamten Palette der Funktionen erspart, und der Lehrer könnte sie schrittweise, dem Lernzuwachs oder der jeweiligen Aufgabenstellung flexibel angepaßt, nachladen.

Auch schülerfreundliche +AUTO +SAVE-, +UNDO- und +HELP-Funktionen müßten in umfangreicher Art zur Verfügung stehen. Das gilt auch für Klangsyntheseeditoren, deren Editiermöglichkeiten erheblich reduziert, und deren Anschaulichkeit in der graphischen Darstellung wesentlich erhöht werden sollte.

Ein solches, die musikpädagogischen Belange berücksichtigendes Equipment, das einfach und übersichtlich zu handhaben ist, trotzdem aber über genügend Möglichkeiten verfügt, um exemplarisches Lernen zu ermöglichen, würde auch durch seinen ausgesprochen exemplarischen Charakter einer vorzeitigen Veralterung entgehen.

4.3.8. Das Homerecordingequipment als neues Unterrichtsmittel im Vergleich

Mit dem Homerecordingequipment ergeben sich zweifellos vielfältige neue Möglichkeiten der Unterrichtsgestaltung, die mit den herkömmlichen Medien für den Musikunterricht nicht vorhanden waren. Lernziele, die bisher nur sehr umständlich oder ungenügend erreichbar waren, z.B. im gesamten Bereich der Klangsynthese und -analyse, sind in greifbare Nähe gerückt.

Wenn das Equipment selbst zum Unterrichtsgegenstand wird gibt es natürlich keine Alternative zu seinem Einsatz. Moderne Sounderstellung kann eben nur an modernen Klangerzeugern demonstriert werden. Eine der wenigen Ausnahmen bilden die Tonbandgeräte mit Hinterbandkontrolle. Mit ihnen lassen sich Echoeffekte simulieren und verschiedene Experimente durchführen.[68] Gleichzeitig bietet sich das Homerecordingstudio aber auch als Labor an, in dem mit preiswerten Geräten und Instrumenten, die grundsätzlichen technischen Arbeitsabläufe der heutigen industriellen Fertigungsverfahren nachvollzogen und geübt werden können. Die Einrichtung von Studios an großen Schulen, z.B. Gesamtschulen, könnte hier durchaus sinnvoll sein. Die Einbeziehung der Aktivitäten im schulischen Umfeld bieten hierfür ein reiches Betätigungsfeld. So können die Arbeitsergebnisse anderer Musikgruppen (Chöre, Schulbands, Spielkreise) festgehalten oder Videovertonungen (z.B. für Videos von Klassenfahrten) hergestellt werden.

Auch die einzelnen Elemente des Equipments lassen sich auf vielfache Weise im Unterricht einsetzen. So ist der Drumcomputer nicht nur Takt- und Zeitgeber wie das Metronom, sondern kann mit seinen Rhythmen als Grundlage für praktische Kompositionsübungen zu verschiedenen Musikrichtungen dienen. Er eignet sich für musiktheoretische Demonstrationen und Übungen (Takt, Metrum etc:) genauso wie für die Instrumentenkunde. Die große Palette an Klängen von Schlag- und Perkussionsinstrumenten kann den Unterricht durchaus anschaulich bereichern, wenn zum Beispiel die Klänge der einzelnen Instrumente verstimmt und so die akustische Wirkungs-

---

68   siehe dazu: BLUTHARD, 1983.

weise untersucht wird. Ein weiteres mögliches Einsatzfeld des Drumcomputers ist die Rhythmische Erziehung.

Die wohl am vielfältigsten einsetzbaren Instrumente und Geräte des Homerecordingequipment stellen die Klangerzeuger (Synthesizer/Sampler) und die Computerhard- und Software dar. Die MIDI-fähigen Klangerzeuger können in Korrespondenz mit Computersoftware musikalische Ereignisse und Klänge erzeugen, aufnehmen, wiedergeben und manipulieren. Alle diese Vorgänge können (im Gegensatz zu herkömmlichen Unterrichtsmitteln und abgesehen von den doch sehr beschränkten Möglichkeiten der 'Singenden Notentafel') zusätzlich sichtbar gemacht werden. Es ist nicht nur möglich, alle musikalischen Parameter, sondern auch die Klangparameter zu visualisieren. Gleichzeitig kann der angeschlossene Klangerzeuger die einzelnen Arbeitsschritte und -ergebnisse akustisch umsetzen. Besondere Vorteile bieten die neuen Medien im Bereich der Lehrervor- und -nachbereitung. Das Unterrichtsmaterial wird attraktiv und schnell in Druckreife hergestellt.

Notenauszüge müssen nicht mehr handschriftlich geschrieben, sondern können mit dem Keyboard eingespielt und von einem Drucker ausgedruckt werden. Der Manipulation von ganzen Partituren sind dabei keine Grenzen gesetzt. Das einmal hergestellte Material kann somit später flexibel an die Anforderungen anderer Lerngruppen angepaßt werden.

Bei allen genannten Vorteilen die diese neuen Medien bieten, sollen auch die Vorteile, die die herkömmlichen Medien haben, nicht verschwiegen werden.

Während bei den neuen Medien die technische Komplexität den Unterricht dominiert und umfangreiche Vorbedingungen und spezifische Organisationsformen bedingt, die das Einsatz- und Betätigungsfeld wieder einengen, lassen sich herkömmliche Medien oft problemloser, flexibler und effektiver einsetzen.

Deutlich läßt sich das am Beispiel des Einsatzes von Orff'schen Instrumentarium aufzeigen:

- Das Instrumentarium ist schnell auf- und abgebaut; das Spiel damit bedarf keiner besonderen Räumlichkeiten.
- Das Instrumentarium ist äußerst robust gebaut.
- Das Instrumentarium ist übersichtlich gestaltet und einfach zu handhaben. Musikalisches Schaffen und musikalische Kreativität können konzentriert durchgeführt

und erlebt werden, ohne von technischen Problemen beeinflußt oder absorbiert zu werden.
- Das Spiel mit dem Instrumentarium vermittelt haptisch-taktile Erfahrungen, die für das sinnliche Erfassen der Charakteristik eines Instrumentes erforderlich sind. Nur so kann das Spielgefühl entwickelt werden, das die mannigfaltigen Spielmöglichkeiten und den Facettenreichtum eines Instrumentes entdecken läßt und zu Ausdrucksstärke und Lebendigkeit verhilft.
- Das Instrumentarium (das gilt für alle akustischen Instrumente) besteht aus originären Klangerzeugern. Klangerzeugung ist somit direkt erleb- und nachvollziehbar. In einer zunehmend technisierten musikalischen Umwelt gewinnen diese Instrumente an neuer Attraktivität.

Die Vorteile des Orff'schen Instrumentariums kennzeichnen die Mängel des Homerecordingequipments:

- Das Equipment muß fest installiert sein und bedarf besonderer Räumlichkeiten.
- Das Equipment ist leicht störungsanfällig. Es veraltet schnell.
- Es bedarf praktischer und theoretischer Kompetenz um das Equipment bedienen zu können. Komplexität und die damit verbundenen langen Programmierwege sowie technische Probleme können spontanes Musizieren behindern, Motivation und Kreativität absorbieren.
- Trotz aller attraktiver Klangvielfalt der neuen Klangerzeuger darf nicht übersehen werden, daß die wesentlichen Spielweisen akustischer Instrumente kaum berührt werden.
Die unendlichen Möglichkeiten, eine Hi-hat im Drum-Set zu spielen, werden beispielsweise auf die Möglichkeiten des Drumcomputers beschränkt: Closed-, Half-Open- und Open Hi-Hat. Man denke auch an die Möglichkeiten eine Conga zu spielen. Die meisten Drumcomputer bieten hierfür nur die Hi-Conga und Low-Conga an. Die Ausdrucksstärke des Instruments wird schließlich auf den MIDI-Standard beschränkt, der nur Schritte in einer Skala von 0 bis 127 zuläßt.
- Im MIDI-Verbund ist nur serielles Einspielen möglich. Die Schüler können daher nur nacheinander Einspielungen vornehmen, so daß eine unmittelbare, spontane Kommunikation kaum möglich ist.
- Alle synthetisierten oder gesampelten Naturklänge stellen lediglich Surrogate natürlicher Klänge dar.

Um einen optimalen Einsatz von Unterrichtsmedien zu erreichen, würde es sich anbieten, sowohl die herkömmlichen wie auch die neuen Medien so einzusetzen, daß sie sich gegenseitig ergänzen. Die spezifischen Nachteile der einen könnten durch die spezifischen Vorteile der anderen Medien ausgeglichen werden. Eine pauschale Bewertung oder Bestimmung, wann der Einsatz von Homerecordingequipment sinnvoller als der Einsatz traditioneller Medien ist, läßt sich daraus nicht ableiten.

So kann es an einer materiell schlecht ausgestatteten Hauptschule durchaus sinnvoll sein, den Etat für eine ausreichende Grundausstattung an herkömmlichen Medien zu verwenden, anstatt einen Computer und ein Keyboard zu kaufen. Ein guter Lehrfilm mit entsprechendem Begleitmaterial wäre hier als Ersatz für teure neue Medien gerechtfertigt.

Das gleiche gilt für einen technisch unerfahrenen oder wenig begabten Lehrer. Seine Stärke kann in seiner musikpädagogischen Erfahrung sowie in seinem persönlichen Engagement bei der Leitung von Schulchören, Spielkreisen und Schulorchestern liegen.

Grundsätzlich ist zu bemerken, daß der sinnvolle Einsatz des Homerecordingequipment aufgrund seiner technischen Komplexität von weitaus mehr äußeren Bedingungen abhängig ist, als der der traditionellen Medien.

Als unabdingbare Voraussetzungen wären hierzu zu nennen:
- Umfassende praktische und theoretische Kompetenz des Lehrers;
- entsprechende Räumlichkeiten;
- Ausreichende Ausstattung (entsprechend der Schülerzahl);
- handhabbare und für schulische Zwecke ausgerichtete Medien;
- robustes Equipment;
- ausreichende Ausstattung an traditionellen Medien um medienpädagogisch einen Ausgleich zwischen 'alten' und 'neuen Medien' leisten zu können.

5. Die Perspektiven des Homerecording im Musikunterricht

Roske stellt fest, daß

> *"heute bereits ein sehr großer Anteil der Musik, der tagtäglich über Hörfunk, Fernsehen, Video, Musikcassette usw. an unser Ohr dringt, 'mutiert' ist. In manchen Bereichen (z.B. Werbemusik, Popmusik, Videoclip) wird heute bereits überwiegend nur noch synthetisch produziert, und zwar durchaus im Sinne rationeller, arbeitsplatzsparender industrieller Serienverfahren z.B. durch Ausgrenzung realer Instrumente und Musiker."*[69]

Die von Roske beschriebene Entwicklung wird sich in den nächsten Jahren fortsetzen. Die volldigitalen Studios (z.B. das Synclavier von NED) sind längst entwickelt und im Vormarsch. Nur das Tempo des Preisverfalls bestimmt noch den Zeitpunkt, an dem sie auch der breiten Masse der Profi-, semiprofessionellen- und Amateurmusiker zur Verfügung stehen. Der Computer wird dann endgültig seinen Platz als zentrales Steuerelement jeder Musikproduktion erobert haben. Der Vorteil liegt auf der Hand. Die Trennung von analogen und digitalen Aufnahmen wie sie im Hybridstudio besteht, wird aufgehoben und in einem System verschmolzen. Während im Hybridstudio der Computer lediglich das MIDI-fähige Tonbandgerät per Syncronizer zeitgenau steuern konnte, hat er mit der digitalen Aufzeichnung analoger Signale auch den Zugriff darauf. Mit dem 'non-destructive-editing' kann er die Aufnahme editieren ohne das Original zu zerstören. Blieb bei fehlerhaften Aufnahmen mit dem Tonbandgerät nur die Wiederholung oder der Schnitt mit der Schere, so sind den rechnergestützten Editiermöglichkeiten keine Grenzen mehr gesetzt. Jeder falsch gezupfte, geblasene oder gesungene Ton kann beliebig transponiert, gekürzt/verlängert oder kopiert werden. Da das alles in CD Qualität geschieht, wird der Trend zur Verlagerung der Musikproduktion in den Homerecordingbereich verstärkt werden.

Es ist auch zu vermuten, daß die Möglichkeit, akustische Instrumente digital aufzunehmen, zu einer Renaissance der akustischen Instrumente in der Pop-Musik führt, weil hier der Musiker wieder zu seinem persönlichen Ausdruck finden kann, der ihm im jetzigen MIDI-Aufnahmeverfahren erschwert wird.

Analog zu den Entwicklungen im Hardwarebereich finden auch im Bereich der 'künstlichen Intelligenz' (KI) neue Softwareentwicklungen statt. In den MEDIA-

---

[69] ROSKE, MICHAEL, Die neuen Medien - Mutation des pädagogischen Umgangs mit Musik?, In: Musica 3/88, S. 286.

LABS des Massachussets Institute Of Technologie wird bereits an intelligenter Kompositionssoftware gearbeitet.

"Diese künstlichen Assistenten, die tendenziell auch synthetische Komponisten sein könnten, gehen weit über das hinaus, was MIDI-Anwender an algorithmischen Kompositionsprogrammen gewohnt sind. Die Programme haben bereits kognitive Fähigkeiten, sind also in der Lage, musikalische Strukturen zu analysieren und auf abstrakte Vorgaben zu reagieren. Ihr Einsatz in Form von Programmen im Konsumentenbereich würde bedeuten, daß der heimische Computer genau weiß, wie der Anwender zu musizieren pflegt, um ihn gegebenenfalls bei Routineangelegenheiten und anderen Vorgängen intelligent zu unterstützen."[70]

Auch die fächerübergreifenden Programme sind weiterhin in der Entwicklung. Mit dem Kandinsky Music Painter (Soft Arts) können heute Zeichnungen in musikalische Parameter übersetzt und zu musikalischen Abläufen geformt werden. Es ist eine Frage der Zeit, wann ganze Gemälde per Scanner eingelesen und in musikalische Parameter umgesetzt werden können.

Auch die Digitalisierung von Bewegungen durch Videokameras oder den Soundbeam der Firma EMS[71] ist möglich. Wenn also Tanz eine Form des Musizierens oder Interpretierens von Musik durch Nicht-Instrumentalisten ist, so werden sich daraus in Zukunft, unterstützt durch entsprechende Software, völlig neue Kunstformen ergeben.

Ich kann daher nicht der Auffassung zustimmen, daß das Homerecordingequipment, eine bloße Erweiterung der traditionellen musikpädagogischen Medien ist. Wer den Computer lediglich für eine bessere singende und spielende Tafel hält, verkennt sein Wesen und unterschätzt seine Möglichkeiten. Daß die Visualisierung eines Kanons auf dem Computermonitor, wie Neubeck[72] sie vorschlägt, einen Fortschritt darstellt, darf bezweifelt werden. Sie könnte genauso gut durch den tänzerischen Nachvollzug der einzelnen Stimmen oder noch einfacher, durch Tafel und Kreide geschehen.

---

70   FISCHER, NIRTO KARSTEN, Das volldigitale Studio, in: Keys, H. 1, 1991.
71   Der Soundbeam von EMS funktioniert nach dem Prinzip des Echolots und kann Bewegungsmuster im Raum erfassen und, in die MIDI-Sprache übersetzt, klangliche Artikulationen er-möglichen. Das kleine Gerät kostet ca. 2300 DM, in: Fachblatt Musik, Soundbeam von EMS, Nr. 7, S. 142 f.
72   NEUBECK, WALTER, A., Computer im Musikunterricht, Regensburg 1990, S. 27 ff.

Auch der Auffassung, daß die *"Aktualisierung und Erweiterung der bereits bestehenden Ansätze zur Didaktik der Neuen Musik bzw. der Rock- und Popmusik"*[73] für die Einbeziehung der Neuen Musiktechnologien ausreiche, und eine neue eigenständige Didaktik der Musiktechnologien nicht notwendig sei, *"denn die ließe sich aus ihren technologischen Aspekten allein nicht hinreichend begründen, sondern nur im Zusammenhang ihrer Verwendung im Umfeld der gegenwärtigen (populären) Musikkultur,"*[74] kann ich nicht zustimmen. Rockmusikalisches Musizieren im handlungsorientierten Unterricht unterscheidet sich grundlegend vom Musizieren mit Homerecordingequipment in seinen Arbeits-, Übungs-, und Spielformen.

Gerade die technologischen Aspekte des Equipments, die das gesamte heutige musikalische Umfeld beherrschen und verändert haben, weil neue Formen des musikalischen Arbeitens und des kreativen Wirkens entstanden sind (z.B. Rap Music), zwingen zu neuen didaktisch-methodischen Überlegungen. Die Inhalte, Ziele und Methoden eines Grundkurses "Informationstechnische Grundbildung" unterscheidet sich ja auch notwendigerweise von denen eines Schreibmaschinen- oder Buchführungskurses.

Welche Probleme ergeben sich aus diesen neuen Entwicklungen? Wie sind sie pädagogisch aufzuarbeiten?

Die materiellen und personellen Grundbedingungen sind dafür momentan nicht gegeben. Es mangelt an pädagogischer Hard- und Software. Für den einzelnen Lehrer stellt sich die Situation wie sie von Perincioli/Rentmeister beschrieben wird:

> *"Zu Beginn beansprucht die Lösung unzähliger technischer Fragen die meiste Zeit, so daß wenig Möglichkeiten für die Entwicklung kreativer didaktischer Modelle bleiben. Später, wenn endlich die nötige Routine erreicht ist, sind längst neue Peripheriegeräte und Programme auf dem Markt, die ihrerseits wieder Zeit fordern."*[75]

---

[73] ENDERS, BERND/KNOLLE, NIELS, Der Computer im Musikraum, in: Musik und Bildung 5/90, S. 268.
[74] dieselben, ebenda.
[75] PERINCIOLI, CHRISTINA/RENTMEISTER, CILLIE, Computer und Kreativität, Köln 1990, S. 19.

Konzepte wie das Campac-Konzept von Friebe[76] sind daher im normalen Schulbetrieb nicht nur völlig unrealistisch, sondern auch wenig wünschenswert. Sie beschwören die Gefahr herauf, die auch Volpert[77] beschreibt:

> *"Die Schule hat schon mehrere Überfälle neuer >Unterrichtstechnologien< hinter sich, bei denen einige Enthusiasten, im Verein mit der jeweiligen Industrie, ganz großartige Fortschritte und Revolutionen versprachen. Wenn die Welle abgeebbt war, sah man, daß die Fortschritte eher gering und die Erfolge eher bescheiden waren. So ging es vor über etwa einem Jahrzehnt mit der >Programmierten Instruktion< und verschiedenen Lehrmaschinen. Die meisten dieser angeblich so großartigen und sündhaft teuren Geräte verstauben heute in den Abstellräumen der Schulen."*

Um solche fehlerhaften Entwicklungen zu vermeiden, halte ich es daher für wichtig, beispielhafte Einrichtungen wie Arbus massiv zu fördern und zu unterstützen, um neue Perspektiven für den sinnvollen Einsatz Neuer Technologien im Unterricht zu entwickeln. Auch die Einrichtung spezieller Forschungsstätten an Hochschulen wäre hier wünschenswert. Auf der internationalen Ebene gibt es noch keine hilfreichen Ergebnisse. Das liegt einerseits an der jungen, sich immer noch entwickelnden und verändernden MIDI-Technologie, die noch keine langfristige musikpädagogische Erprobung zuläßt; andererseits lassen sich die verschiedenen Forschungs- und Schulsysteme nur bedingt vergleichen. Traditionell pflegen Amerikaner und Japaner einen wesentlich unbefangeneren Umgang mit neuen Technologien. Dies ist nicht nur mentalitätsbedingt, sondern ergibt sich vor allem aus der engen Zusammenarbeit von Forschung und Industrie. Die Forschung wird in diesen Ländern von der Industrie sehr viel großzügiger unterstützt. So konnten Amerikaner und Japaner den MIDI-Standard schaffen und verfügen heute über die bestausgestattetsten Forschungsinstitute für Computerhard- und Software der Welt. Welche Abhängigkeiten durch die

---

76 FRIEBE schlägt die totale Vernetzung und Verdrahtung der Schüler im MIDI-Verbund vor. Sein Konzept entwirft ein MIDI-Studio mit vier Tischen, an denen jeweils sieben Schüler sitzen. Alle Schüler verfügen über ein MIDI-fähiges Instrument (Keyboard, Blaswandler, Streichinstrument, Drumpad). Der Lehrer kontrolliert und steuert alle MIDI-Datenströme von einem zentralen Rechner aus. Akustisch sind alle Schüler mit dem Lehrer durch drahtlose Kopfhörer verbunden.
siehe: FRIEBE, JOHANNES, Campac, Ein Plädoyer für zukünftige, bessere Unterrichtsmedien, Musik & Bildung, Nr. 6, S. 350 ff., 1990.

77 VOLPERT, WALTER, Zauberlehrlinge, Die gefährliche Liebe zum Computer, München 1988, S. 160.

Verflechtungen von Forschung/Lehre und Industrie entstehen, zeigt die Bestandsaufnahme von Micklisch[78] in den USA:

> *"Entgegen früherer Vorbildlichkeit amerikanischer Schulmusik trat in den achtziger Jahren eine rapide Verschlechterung ein. So gibt es z.B. in San Diego, einem Distrikt mit 67 000 Grundschülern in 106 Schulen 1987, nur fünf vollausgebildete Musiklehrer! Dem entgegen steht eine prognostizierte Zunahme von über einer halben Million Grundschülern (USA) jährlich bis 1993, also auch ein massiver Zuwachs der Musikschülerzahlen. Um der Misere entgegenzutreten, wurde von unterschiedlichen Gesellschaften, Firmen und Personen eine Gesellschaft für die Kompensation von Defiziten in der Musikerziehung gegründet, die sich neben allgemeinen Fragen der Musikerziehung und Lehrerausbildung auch der Einführung neuer Technologien im Musikunterricht annimmt, weil man sich davon einen Entwicklungsschub des Faches inhaltlich wie auch personell verspricht. Die Priorität der Technik wird begründet auf der Basis der starken Veränderungen im amerikanischen Medienleben, gekoppelt mit den individuellen Möglichkeiten der Anwendung neuer Technologien. In amerikanischen Haushalten stehen Millionen von Synthesizern. Mehr als sechzig Prozent aller Schulen in den USA verfügen über Computer oder Computerlaboratorien. Die Beliebtheit des Faches Musik kann durch Verwendung von Computern/MIDI gesteigert werden. Großfirmen, wie z.B. Yamaha, haben sich dem MIE-Projekt nicht ohne Eigennutz angeschlossen, um musikpädagogische Zukunftsperspektiven durch Entwicklung eines (MIDI-) Systems zur Musikinstruktion zu flankieren. Als Ziel setzt man sich eine Popularisierung der Musikausbildung und darüber hinaus eine Steigerung der Anzahl Musikschaffender."*

Daß sich das Engagement der Wirtschaft hier auszahlt, zeigt sich deutlich: Für Abermillionen sollen Geräte angeschafft und Systeme installiert werden, von denen man sich eine höhere Attraktivität und Effizienz des Musikunterrichts verspricht. Bewiesen ist aber weder die Effizienz noch die anhaltende Motivationskraft dieser Medien. Es gibt nicht einmal genügend Bedienungspersonal dafür.

In diesem Zusammenhang soll auch nicht unerwähnt bleiben, daß jede Industrie der inneren Logik des Marktes folgen muß. Sie bedeutet das ständige Erobern neuer Absatzmärkte. Gesättigte Absatzmärkte bedeuten verlorene Märkte. Ein neues Produkt kann dabei alte, verlorene Märkte wieder neu öffnen.

---

78   MICKLISCH, CHRISTOPH, Der MIDI-Standard in Musikunterricht und Musikausbildung. Kritische Anregungen zur Umsetzung des MIDI-Potentials in Schule und Hochschule auf der Basis einer exemplarischen Bestandsaufnahme in der BRD und den USA, Berlin 1991, S. 130 f.

Der ständige Wechsel musikalischer Strömungen im Pop- und Rockmusikbereich verändert auch die Produktionsmittel und -verfahren. Daß heute in der Unterhaltungsmusik vorwiegend elektronische Medien eingesetzt werden (ein häufiges Argument für den Einsatz Neuer Technologien im Unterricht), ist nicht für immer festgeschrieben. Im Gegenteil: erste Anzeichen für einen Trend zur "Un-mittel-barkeit" zeichnen sich ab.

Eine weitgehend von Wirtschaft und Industrie unabhängige Forschung und Lehre, verfügt über größere Freiräume. Es besteht die Chance, kreativ neue musikpädagogische Konzepte für den Umgang mit den 'Neuen Medien' oder auch Alternativen zu ihnen zu entwickeln. Nur so kann eine realistische Grundlage geschaffen werden, um die Arbeit mit dem Homerecordingequipment und seinen Möglichkeiten nützlich und effektiv zu machen.

Berührungsängste und die Angst vieler Pädagogen, den Anschluß an aktuelle Entwicklungen zu verpassen, kann grundlos sein. Sie entsteht nur dann, wenn Lehre und Forschung sich nicht im Rahmen des gesellschaftlichen Umfeldes einer hochtechnisierten, ständig weiterentwickelnden Gesellschaft mitbewegt.

Die intensive Auseinandersetzung mit den Technologien, die in den westlichen Industrieländern hervorgebracht werden, fördert nicht nur neue Formen der Kreativität, sie führt schließlich sogar zu alten Prinzipien zurück: Auch in einer High-Tech-Gesellschaft sind und bleiben Medien 'Mittler', die Wesentliches in ihrem entsprechendem Unterrichtsfach vermitteln sollen.

6. Anhang

Glossar

Additive Synthese	Klangsyntheseverfahren, bei dem einem frei definierbaren Grundton bis zu 127 Obertöne beliebig zur Klangformung addiert werden können.
ADSR	Abkürzung für: Attack -Decay -Sustain -Release = Einschwingzeit -Ausschwingzeit -Pegel -Ausklingzeit. Einstellbare Parameter zur Erzeugung von Hüllkurven (siehe EG).
Bandmaschine	Tonbandgerät
Bedienungsoberfläche	Software-Imitation von Bedienungseinrichtungen. Z.B. Darstellung eines Analogmixers auf dem Bildschirm. Die Bedienung erfolgt über die Computertastatur bzw. per Mausclick.
Betriebssysteme	Grundlegende interne Organisation von Computersystemen.
Chorus	Phasenverschiebung eintreffender Tonsignale. Der Klang dieses Effektes wirkt verbreiternd und schwebend.
Copy	Kopierfunktion.
Cut	Schneidefunktion.
Cycle-Modus	Funktion des Sequenzers. Ein bestimmter musikalischer Abschnitt wird wie eine Endlosschleife ständig wiederholt. Möglich ist das im Aufnahme- wie im Wiedergabemodus.
Data-Block	Von der Firma Casio so genannte Liste von Klangparametern zur Erstellung von Synthesizerklängen.
Delay	Verzögerung, Echo.

Demostudio	Kleineres Studio, dessen Audioqualität professionellen Ansprüchen nicht genügt, aber zur Erstellung von Demonstrationssongs (z.B. zum Anbieten oder zur Vorproduktion für Plattenfirmen) ausreicht.
Denoiser	Entrauscher.
digital	in Zahlenform.
Digitalhall	Elektronisch erzeugte Raumsimulation.
Display	Anzeige, Bildschirm.
Dolby	Rauschunterdrückungssystem.
Drumcomputer	Speziell ausgelegter Hardwaresequencer mit Schlagzeug- und Percussionsklängen.
Drumpad-Set	Als Schlagzeug angeordnete Schlagflächen, die zur Steuerung elektronischer Schlagzeugklänge dienen und das natürliche Spielgefühl unterstützen sollen.
Dump-Software	Software zur Speicherung von MIDI-Daten
Editoren	Computersoftware zum Bearbeiten von musikalischen oder Klangdaten.
Effekt Rack	Spezielles Regalsystem zur platzsparenden Unterbringung genormter (19 Zoll) Effektgeräte und Expander.
EFX	Abkürzung für engl. Effects. Kennzeichnet meist Spezialeffekte, wie z.B. Kombinationen von Effekten (Chorus-Flanger-Delay-Exciter).
EG	Envelope Generator, engl. für Hüllkurvengenerator. Zur Erzeugung zeitabhängiger Klang- und Lautstärkenverläufe und Tonhöhenverläufe.

Einschleifen	Möglichkeit in vorhandene musikalische Aufnahmen manipulierend einzugreifen. Z.B. einer Gesangsaufnahme nachträglich räumliche Effekte beizumischen, indem die Effekte von einem externen Gerät in die Gesangskanäle des Mixers "eingeschleift" werden.
ENV	Envelope, engl. für Hüllkurve.
Equalizer	Gerät zur Anhebung und Absenkung von bestimmten Frequenzbereichen.
Equipment	Ausstattung mit Instrumenten und Geräten.
Exciter	psycho-akustischer Effekt, der durch Erzeugung von Obertönen das Klangbild verbessert.
Expander	Synthesizer oder Sampler ohne Tastatureinheit.
F.M. Synthese	Frequenzmodulation. Unterschiedliche Wellenformen beeinflussen sich gegenseitig. Der Klangcharakter ist klar und durchsichtig und eignet sich für perkussive Klänge. Bevorzugtes Syntheseverfahren von Yamaha.
Flanger	Effektgerät, das mit Phasenverzögerungen arbeitet (Jet-Effekt).
Gated Reverb	Abgeschnittener Digitalhall. Er wird eingesetzt um einzelnen Tönen einer raschen Tonfolge mehr räumliche Intensität zu verleihen, ohne durch zu lange Hallzeiten Überlagerungen zu erzeugen.
Graphischer Equalizer	Teilt den Frequenzgang in Frequenzbänder auf.
Grid-Editor	Editor im Software-Sequenzer. Alle musikalischen Vorgänge werden in Balkenform dargestellt und können in ihrer Position und Länge verändert werden.
Hardwarearppegiatoren	Arppegiatoren fanden schon lange vor den Digitalsequenzern Verwendung. Entweder waren sie als feste Bestandteile in Keyboards integriert (Jupiter 8 von

Roland, Prophet 2000 von Sequential Cicuits) oder sie waren, meist komfortabler ausgestattet, als Einzelgeräte erhältlich (Cyclone von Oberheim). Arppegiatoren können z.B. Akkorde in bestimmbare Arppegien zerlegen und über beliebig viele Oktaven abspielen. Der meist integrierte Zufallsgenerator läßt dabei neue Tonfolgen entstehen.

Hardwareprogrammer	Eigenständiges Gerät zur Programmierung von Musikdaten. Sie verfügen über analoge Bedienungselemente (Schalter und Knöpfe), um eine komfortablere und schnellere Bedienung zu ermöglichen.
Hüllkurve (ENV)	Zeitlicher Kurvenverlauf von Klängen und Lautstärken (siehe auch ADSR).
Hybridstudio	Studio, in dem analoge und digitale Aufnahmen gemacht werden können (z.B. Tonbandgerät und Computer).
Interface	Schnittstelle
Key-Editor	Eine Art Grid-Editor mit anderer grafischer Darstellung (etwa so wie auf der Notenrolle eines Pianolas) und erweiterten Editiermöglichkeiten bezüglich der Controllerdaten (grafische Anzeige).
Keyexpander	Hardwareerweiterung, um mehrere Kopierschutzschlüssel (Eproms) am Rechner zu installieren und einen schnellen Zugriff auf verschiedene Programme zu ermöglichen.
Klanggenerator	siehe Soundgenerator.
L.A. Synthese	Von der Firma Roland bevorzugtes Syntheseverfahren. Für die Einschwingphase wird ein Sample verwendet, das das Ohr täuscht. So wird z.B. zur Imitation von

Blasinstrumenten das gesamplete Anblasgeräusch eingesetzt, während der weitere Tonverlauf synthetisch erzeugt wird.

Laptop	Tragbarer Computer mit Monitor.
LFO	Low Frequenzy Oscillator, engl. für Niederspannungs-Schwingungserzeuger.
Librarian-Software	Software zur Verwaltung von Klangdaten. Meist mit Such- und Ordungsfunktionen.
Line Mixer	Mixer ohne Klangregelung. Eignet sich vor allem für Keyboards, die über eine eigene Klangregelung verfügen.
Loop	Schleife, Loopbildung spielt bei Samples eine große Rolle, um einem gesampelten Klang beim Abrufen einen durchgehenden (immer wiederholten) Ton zu geben.
Mainpage	Die Hauptmenüseite eines Computerprogrammes.
Mastercassette	Cassette, auf der die Endabmischung festgehalten ist, und die als Matritze für weitere Abzüge dient.
Masterkeyboard	Keyboard das vorzugsweise die Kontrolle über das Equipment übernimmt. Masterkeyboards verfügen über umfassende Triggermöglichkeiten zur Anpassung an Equipment und Spielweise. Nur wenige besitzen eigene Klangprogramme.
Merger	Datenmischer, der mehrere parallel eintreffende Datenwörter in einem spezifisch errechneten Reißverschlußverfahren zu einem seriellen Datenstrang verknüpft.
MIDI	Musical Instrument Digital Interface. Schnittstelle, die die Möglichkeit der Kommunikation von Keyboards,

Klanggeneratoren und Computern durch standartisierten Datenfluß auf digitaler Basis, ergibt.

MIDI-Channel — Ist der Kanal, durch den verschiedene MIDI-fähige Geräte miteinander kommunizieren.

MIDI-Controller — Steuerungsfunktionen im MIDI-System. Auch Spielhilfen wie Blaswandler.

MIDI-Implementation — Auflistung sämtlicher MIDI-Daten eines Gerätes.

MIDI-Peripherie — Alle für den Studiobetrieb nötigen Zusatzgeräte (siehe Peripherie).

MIDI-Schnittstelle — Verbindungsmodul für verschiedene mit dem MIDI-Standard ausgestatteten Geräte.

MIDI-Setup — Geräteanordnung.

MIDI-Wind-Controller — Blaswandler, siehe MIDI-Controller.

Mixer — Mischpult.

Modem — Verbindung zwischen Computer und Telefonnetz.

Multimode — Fähigkeit eines Klangerzeugers, mehrere Klänge auf verschiedenen MIDI-Channels herauszuschicken.

Multitasking — Die Möglichkeit, mehrere Programme in einem laufen zu lassen. So kann im Programm Cubase ein Song abgespielt und gleichzeitig der Klang eines Synthesizers durch eine Editorsoftware bearbeitet werden.

Multitrack-Recorder — Mehrspuraufnahmegerät.

Mute — Stummschaltung.

Nearfield-Monitor — Nahfeld-Abhörlautsprecher, die durch ihre Nähe den Raumklang ausschalten.

Note-Numbers	MIDI-Nummern für bestimmte Noten. Mit ihnen wird z.B. die Verteilung des DRUM-Setups auf der Tastatur bestimmt.
Oszillator	Generator, der Schwingungen erzeugt.
P.D. Synthese	Phase-Distortion engl. für Phasenverzerrung auf digitaler Ebene. Der Klangcharakter besitzt nicht die Wärme analoger Verfahren, sondern ist als klar und durchsichtig zu beschreiben. Bevorzugtes Syntheseverfahren von Casio.
Parametrische Klangreglung	Kann die Frequenzbänder zur An- oder Abhebung beliebig wählen.
Paste	Einfügen.
Pattern	musikalischer Abschnitt.
PCM	engl. Pulse Code Modulation. Verfahren zur Digitalisierung von Audiosignalen.
Peripherie	Analoge- oder digitale Zusatzgeräte, die das Equipment vervollständigen.
Ping-Pong	siehe Track Bouncing.
Playback	Abspielen einer Aufnahme, häufig Grundlage zur Aufnahme weiterer Stimmen wie z.B. Gesang.
Playlist	Auflistung aller Pattern eines Sequenzersongs. Sie können neu aneinandergereiht werden.
Preset	Vorgegebene, nicht veränderbare Soundprogramme.
Preset-Expander	Nicht programmierbarer Synthesizer ohne Tastatureinheit.

Preset-Keyboard	Keyboard mit fertigen Werksklängen ohne Programmiermöglichkeit.
Preset-Synthesizer	Nicht programmierbarer Synthesizer.
Quantisierung	Rasterung musikalischer Vorgänge auf eine bestimmte zeitliche Auflösung. Eine Einspielung auf Viertelnoten zu quantisieren bedeutet, das jede eingespielte Note nur auf den am nächsten liegenden Viertelschlag gesetzt wird. Die Quantisierung der Notendauer auf Viertel läßt z.B. alle kleineren eingespielten Notenwerte, egal ob Achtel, oder Sechzehntel etc., als Viertelnoten erscheinen.
Resynthese	Möglichkeit, die Samples zu analysieren und in editierbare Parameter (z.B. in die üblichen Synthesizerparameter) umzusetzen.
Reverb	Hall.
Reverse	rückwärts.
Rhythmuspattern	in Abschnitte eingeteilte Schlagzeug- oder Percussionsrhythmen (siehe Pattern).
Rolls	Trommelwirbel.
Sample-Player	Sampler ohne eigene Sampleoption.
Sampler	Instrument zur Digitalisierung und Wiedergabe von Klängen.
Samples	engl. für Probe. Digitale Aufzeichnung von Klängen.
Sequencer (analog)	Speichert schritt- und spannungsabhängig (wählbar) Tonfolgen.
Sequencer (digital)	Stellt quasi ein elektronisches Tonbandgerät dar. Da auf digitaler Ebene gearbeitet wird, gibt es sowohl Hardware- als auch Softwaresequencer.

Sequencersoftware	Computerprogramme für den Sequenzerbetrieb.
Serieller Datenfluß	Kette in der Datenwörter nur nacheinander übertragen werden.
Slave	Empfänger.
SMPTE-Code	Syncronisationssignal das von Bandmaschinen, Computern und Syncronizern gelesen wird. Es beinhaltet die Befehle für Start, Stop, Positions- und Zeitangaben für die Syncronisation.
Soundgenerator	Oszillatoren die den für Sound grundlegenden Wellenformen erzeugen.
Soundlibrary	(siehe Librarian-Software).
Soundsamples	Digitale Aufzeichnung von Klängen.
Step-by-step	Schrittweise Eingabe von Daten.
Substraktive Synthese	Klangsyntheseverfahren, bei dem Obertöne aus obertonreichen Wellenformen gefiltert (subtrahiert) werden.
Sync-Modus	Einstellung zur Synchronisation.
Sync-Spur	Mit speziellen Steuerungssignalen versehene Aufnahmespur (Digitalsequenzer oder Tonbandgerät).
Synthesizer	Editor im Cubase, der eine Art musikalischer Synthesizer darstellt. Er kann musikalische Phrasen auf vielfältige Weise bearbeiten bzw. zerlegen und neu zusammensetzen.
Thru-Box	MIDI-Verteilerbox, die serielle MIDI-Daten auf verschiedene MIDI-Kanäle verteilt.
Time-Domain-Editor	Editor für die Bearbeitung der Zeitverläufe von Samples.

Toms	Schlagzeugtrommeln.
Track Bouncing (Ping Pong)	Möglichkeit der Abmischung mehrerer Tonbandspuren auf eine Spur.
Track-Listing	Auflistung aller MIDI-Daten einer Sequenzaufnahmespur.
Transpose	Transponierfunktion.
Trigger	Steuerungseinheit analoger oder digitaler Signale (siehe Triggerinstrument).
Triggerinstrument	Instrument, das andere Instrumente ansteuert.
Update	Eine neue verbesserte Version einer Hard- oder Software, die dem Benutzer gegen einen relativ geringen Aufpreis zur Verfügung gestellt wird.
VCA	Voltage Controlled Amplifier, engl. für spannungsgesteuerter Verstärker.
VCF	Voltage Controlled Filter, engl. für spannungsgesteuerter Filter.
VCO	Voltage Controlled Oszillator, engl. für spannungsgesteuerter Schwingungserzeuger.
Wellenform	Charakteristischer Verlauf von Schwingungen. Die Wellenform bestimmt den grundlegenden Klangcharakter.
Workstation	Instrument, das von seinen Möglichkeiten her prinzipiell die Gesamtproduktion eines Musikstückes gestattet. So verfügen Workstations in der Regel außer über eine große Palette von Klängen auch über Drumsamples, einen Sequenzer, sowie eine eigene Effektabteilung.

Literaturverzeichnis

AHMIA, Tarik: Hit-Labor der Pop-Päpste, in: ST Magazin Nr. 12, München 1988

AICHER, Richard: Alle Menschen werden Brüder. Die kurze Geschichte der MIDI-Schnittstelle. München Sept/Okt 1989, Keys, Nr. 3

AICHER, Richard: Casio VZ-1, Augsburg, April 1988, Keyboards, Nr. 4

AICHER, Richard: Computer für Musiker, München, Sept. 1987, Keyboards, Nr. 9

AICHER, Richard: C-LAB Creator, Augsburg, Mai 1987, Keyboards, Nr. 5

AICHER, Richard: Da steckt MUSIK drin, München 1987

AICHER, Richard: Der Aufbau eines Synthesizers, München, Nov/Dez. 1989, Keys, Nr. 4

AICHER, Richard: Die Geschichte der Sampler, München 1989, Keys Nr. 2

AICHER, Richard: Die Geschichte der Sequencer. München, Mai/Jun. 1989, Keys, Nr. 1

AICHER, Richard: Finale. München, Mai/Jun. 1989, Keys, Nr. 1

AICHER, Richard: Kampf der Giganten. Systemvergleich Atari ST/IBM PC/Apple Macintosh, München, Mai/Jun. 1989, Keys, Nr. 1

AICHER, Richard: MIDI für Analog-Synthies - Fünf MIDI/CV - Interfaces im Vergleich. München, Feb. 1987, Soundcheck, Nr. 2

AICHER, Richard: MIDI-Controller-Geräte, München, Sept/Okt. 1989, Keys, Nr. 3

AICHER, Richard: MIDI-Controller-Geräte, München, Sep/Okt. 1989, Keys, Nr. 3

AICHER, Richard: Sequencer, München, Mai/Juni 1989, Keys, Nr. 1

AICHER, Richard: Yamaha QX 5 Sequenzer, München, Feb. 1987, Soundcheck, Nr. 2

AICHER, Richard: Yamaha TX 8lZ FM-Expander, München, Mai 1987, Keyboards, Nr. 5

AIKIN, Jim: Mechanisch, analog, digital - Die Entwicklung des Sequenzers. Augsburg, Mai 1989, Keyboards, Nr. 5

AIKIN, Jim: MIDI-Sequencing, Augsburg, Mai 1989, Keyboards, Nr. 5

ARMBRUSTER, Brigitte/KÜBLER, Hannsdieter: Computer und Lernen, Opladen 1988

ARNOLD, Eckehard: Gehörbildungsprogramme. Zurück zum Drill. Vorwärts zur Vernetzung?, in: Musik und Bildung Nr. 5

ARNOLD; Eckehard: Nicht nur das Ohr ... Gehörbildungsprogramme für die Schule, in: Musik und Bildung Nr. 12

BANJA: Musik, 7-9, Stuttgart 1984

BANJO: Musik, 7-10, Stuttgart 1981

BECKER, Mathia/MERCKS, Alex: 19"-Effektgeräte. Marktübersicht.München, Aug. 1989, Keyboards Nr. 8

BECKER, Matthias: Mikrophone (2). Augsburg. Sept. 1988. Keyboards, Nr. 9

BECKER, Matthias, Mikrophone (3), Augsburg, Okt. 1988, Keyboards, Nr. 10

BECKER, Matthias, PUNCH IN, PUNCH OUT und andere Feinheiten. München, Okt. 86, Keyboards, Nr. 10

BECKER, Matthias/SCHMITZ, Hanns Günter: 19 Monitorboxen im Hör- und Meßvergleich, Augsburg, Okt. 1988, Keyboards, Nr. 10

BECKER, Matthias: Alesis Micro Serie, Augsburg, Feb. 88, Keyboards, Nr. 2

BECKER, Matthias: Alesis Quadra-Verb. Multi-Effekt-Prozessor. Augsburg, Nov. 1989, Keyboards, Nr. 11

BECKER, Matthias: Alternativen zur Mehrspuraufnahme (1), Augsburg, Juni 1989, Keyboards, Nr. 6

BECKER, Matthias: Alternativen zur Mehrspuraufnahme (2), Augsburg, Juli 1989, Keyboards, Nr. 7

BECKER, Matthias: Aufnahmetechnik (4): Gitarre, Augsburg, April 1989, Keyboards, Nr. 4

BECKER, Matthias: Aufnahmetechnik (5): Gesang. Augsburg Sept. 1989, Keyboards, Nr. 9

BECKER, Matthias: Aufnahmetechnik (5): Schlagzeug aus der Retorte. Tips für die Aufnahme synthetischer Drumsounds. Augsburg, Mai 1989, Keyboards, Nr. 5

BECKER, Matthias: Der Exciter - ein Werkzeug zur Klangverbesserung. München, Feb. 88, Keyboards, Nr. 2

BECKER, Matthias: Der Minimoog, München, Sept. 1987, Keyboards, Nr. 9

BECKER, Matthias: Die "richtigen" Verzögerungszeiten. Augsburg, Sept. 1988, Keyboards, Nr. 9

BECKER, Matthias: Die letzte Rettung (1). Werkzeuge und Methoden zur nachträglichen Qualitätsverbesserung von Aufnahmen. Augsburg, Jan. 1989, Keyboards, Nr. 1

BECKER, Matthias: Die letzte Rettung (2). Werkzeuge und Methoden zur nachträglichen Qualitätsverbesserung einer Aufnahme. Augsburg, Feb. 1989, Keyboards, Nr. 2

BECKER, Matthias: Die letzte Rettung (3). Werkzeuge und Methoden zur nachträglichen Qualitätsverbesserung einer Aufnahme. Augsburg, März 1989, Keyboards

BECKER, Matthias: Die Mischung macht's. Wissenswertes über Recording-Mischpulte. Augsburg, Feb. 1990, Keyboards Nr. 2

BECKER, Matthias: Digitech DSP 128 Multieffektgerät, Augsburg, Sept. 1988, Keyboards, Nr. 9

BECKER, Matthias: Fostex 1240 Mischpult. Augsburg, Dez. 1988, Keyboards, Nr. 12

BECKER, Matthias: Fostex R-8. 8-Spur-Tonbandmaschine. Augsburg, Feb. 1989, Keyboards, Nr. 2

BECKER, Matthias: Geldverdienen mit Homerecording? München, Juni 1987, Keyboards, Nr. 6

BECKER, Matthias: Homerecording für Einsteiger. Aufnahmetechnik (3): Gesang. Augsburg. Feb. 1989, Keyboards, Nr. 2

BECKER, Matthias: Homerecording für Einsteiger. Ablauf einer Aufnahme (29), München, Mai 1987, Keyboards, Nr. 5

BECKER, Matthias: Homerecording für Einsteiger. Von Bandschleifen und Schnittstellen (2), Augsburg, Juli 1988, Keyboards, Nr. 7

BECKER, Matthias: Homerecording für jeden Geldbeutel. Heimstudio-Pakete. Augsburg, Dez. 1988, Keyboards, Nr. 12

BECKER, Matthias: Homerecording, Homerecording und Midi (2) (Mehrspurrec., Synchronisation, Sync-to-tape-Interface etc.), Augsburg, Juli 1988, Keyboards, Nr. 7

BECKER, Matthias: Homerecording für Einsteiger. Aufnahmetechnik: Gesang (2). Augsburg, Jan. 1989, Keyboards, Nr. 1

BECKER, Matthias: Homerecording für Einsteiger. Aufnahmetechnik: Gesang (1). Augsburg, Nov. 1988, Keyboards, Nr. 11

BECKER, Matthias: Live-Mitschnitte, Augsburg, Okt.1988, Keyboards, Nr. 10

BECKER, Matthias: Sansui WS-X1 6-Spur-Cassettenstudio, Augsburg, Dez. 1989, Keyboards, Nr. 12

BECKER, Matthias: Sequential Cicuits Prophet-5, Augsburg 1988, Keyboards Nr. 12

BECKER, Matthias: Stereophonie, Augsburg, Mai 1989, Keyboards, Nr. 5

BECKER, Matthias: Synthesizer von Gestern. Das Melltron. Augsburg, Nov. 1988, Keyboards, Nr. 11

BECKER, Matthias: Tascam 238 8-Spur-Cassettenrecorder. Augsburg, Juli 1988, Keyboards, Nr. 7

BECKER, Matthias: Tascam 644 MIDI-Studio, Augsburg, Jan. 1990, Keyboards, Nr. 1

BECKER, Matthias: Tascam TSR-8. 8-Spur-Bandmaschine. Augsburg. Nov. 1989, Keyboards, Nr. 11

BECKER, Matthias: TOA MR-9T.8-Spur-Cassettenrecorder, Augsburg, März 1989, Keyboards, Nr. 3

BECKER, Matthias: Valley Micro-Rack-Serie, Augsburg, April 1989, Keyboards, Nr. 4

BECKER, Matthias: Vierkanalrecorder, Augsburg, Sept. 86, Keyboards, Nr. 9

BECKER/BREMM/ELLER/GALLMEIER: Recording für Musiker, Köln 1988

BEZIRKSAMT VON NEUKÖLLN VON BERLIN, ABT. VOLKSBILDUNG - SCHULAMT (Hrsg.): Neuköllner Schulen informieren, Berlin 1989

BLUTHARD, Heinz: 50 Experimente mit Tonband und Cassette, Stuttgart 1983

BONK, Christoph: Behringer Studio Denoiser, München, Dez.87, Soundcheck, Nr. 12

BRAHA, Liviu von: Die Aufbereitung von Rockmusik - Empirische und kritische Untersuchung zur Komponententheorie, Berlin 1980 (Dissertation; veröff.: Phänomene der Rockmusik, Wilhelmshaven 1983)

BROSIUS, Ralf: Drei Drumcomputer im Vergleich: Roland TR-626, Alesis HR-16, Yamaha RX7, München, März 1988, Soundcheck, Nr. 3

BUND-LÄNDER-KOMMISSION FÜR BILDUNGSPLANUNG UND FORSCHUNGSFÖRDERUNG: Gesamtkonzept für die informationstechnische Bildung, Bonn 1987 H. 16

BUND-LÄNDER-KOMMISSION: Bonn 1987

BUSKIN, Richard/Übers./ ROSER, Philipp: High Tech contra Live-Recording, München, Jul/Aug. 1989, Keys, Nr. 2

CORSANO, Enrico: Amiga goes Midi. Commodores 68000er-Rechner als Musikcomputer. Augsburg. Dez. 1989. Keyboards, Nr.12

C-LAB, EXPLORER 1000 - Editorensoftware für Oberheim Matrix 1000, Hamburg

DAHMEN, Udo: Pädagogik ohne Rockmusik? München. Dez. 87 Soundcheck, Nr. 12

DELL, Johannes: Im Gleichschritt Marsch. Wissenswertes über Synchronisation. Augsburg. Jan. 1989. Keyboards, Nr. 1

DELLMANN, Gerald. Roland U-20 PCM-Sample-Player. Augsburg. Sept. 1989. Keyboards, Nr. 4

DELLMANN, Gerald: Casio Sampling Rhythm Composer RZ-1. München. März 1986. Keyboards, Nr. 3

DELLMANN, Gerald: Das Sample ABC. Augsburg. Juni 1987. Keyboards, Nr. 6

DELLMANN, Gerald: ENSONIQ EPS Sampler (2). Augsburg. Okt. 1988. Keyboards, Nr. 10

DELLMANN, Gerald: Korg SQ-8 MIDI-Sequenzer. München. Mai 1987. Keyboards, Nr. 5

DELLMANN, Gerald: MIDI und Akustisches Klavier. Augsburg. April 1989. Keyboards, Nr. 4

DELLMANN, Gerald: Oberheim Matrix 1000. Augsburg. Okt. 1988. Keyboards, Nr. 10

DELLMANN, Gerald: Yamaha MIDI-Flügel-System. Augsburg. April 1989. Keyboards, Nr. 4

DICKREITER, Michael: Der Klang der Musikinstrumente. München 1977

DICKREITER, Michael: Mikrofon-Aufnahmetechnik. Stuttgart 1984

EBBECKE, Klaus/LÜPSCHER, Pit: Rockmusiker-Szene intern. Fakten und Anmerkungen zum Musikleben einer Großstadt. Befragung Dortmunder Musiker, Stuttgart 1987

EHRHARDT, Johannes: Sound-Sampling und Urheberrecht. Grefrath. Mai/Jun. 1986. Musik Spezial, Nr. 5

ELLEÉ, Dirk/UBBEN, Arndt-Dieter: Neue Technologien - Visionen für den Musikunterricht?, in: Musik und Bildung Nr. 6, 1990

ENDERS, Bernd/KNOLLE, Niels: Der Computer im Musikraum. 5/90. Musik und Bildung, Nr. 5

ENDERS, Bernd: Computerkolleg- Musik Gehörbildung. Mainz 1990. Schott-Verlag

EURICH, Claus: Computerkinder. Wie die Computerwelt das Kindsein zerstört. Hamburg 1985.

FA. STEINBERG: Syntheworks-Editorensoftware für TX 81Z. Hamburg

FINGER, Hildegard: "Persönliche Marginalien zu Justus Mahrs Bericht aus der Praxis", in: ZfMP Nr. 9, 1981

FISCHER, Nirto Karsten: Das volldigitale Studio. 1991. Keys Nr. 1

FISSER, Arno/SCHMITZ, Reinhard: Tips & Tricks zum Steinberg Cubase. Augsburg. Dez. 1989. Keyboards, Nr. 12

FRENTROP, Heinz/ZIEGNER, Jost: M1 Workstation in der Praxis. Keys Nr. 1

FRENTROP, Heinz: Gipfeltreffen. Die führenden deutschen Softwarehersteller an einem Tisch. München. Mai/Jun. 1989. Keys, Nr. 1

FRIEBE, Johannes: Campac. Ein Plädoyer für zukünftige, bessere Unterrichtsmedien. Musik & Bildung, Nr. 6. 1990

FURIA, Steve, de: Die Geheimnisse der synthetischen Klangsynthese. Hören unter dem Gesichtspunkt der Synthese. Augsburg. Nov. 1988. Keyboards, Nr. 11

FURIA, Steve, de: Die Geheimnisse der Synthetischen Klangerzeugung Teil 1. Augsburg. Okt. 1988. Keyboards, Nr. 10

FURIA, Steve, de: Geheimnisse der Klangsynthese. Augsburg. März 1989. Keyboards, Nr. 3

GEERDES. First Track - Sequenzersoftware. Berlin

GEWERKSCHAFT FÜR ERZIEHEUNG UND WISSENSCHAFT (Hrsg.): Neuköllner Bezirksinfo, März 1991

GEYER, Harald. G.C: Geerdes Matrix-6-Editor. München. Juni 1987. Soundcheck, Nr. 6

GORGES, Peter/KÄSSENS, Thomas: Tips und Tricks zum C-LAB Notator Teil 2. Augsburg. Juli 1989. Keyboards, Nr. 7

GORGES, Peter: 7 PCM-Sample-Player im Vergleich. Augsburg 1990. Keyboards, Nr. 6

GORGES, Peter: Das komplette DX 7 Handbuch. München 1987

GORGES, Peter: DigiDesign Turbosynth. Augsburg. Juni 1989. Keyboards, Nr. 6

GORGES, Peter: Korg M1 Workstation. München 1988. Soundcheck, Nr. 8

GORGES, Peter: Korg T1/T3. Augsburg. Dez. 1989. Keyboards, Nr. 12

GORGES, Peter: Kurzweil Midiboard. Masterkeyboard. Augsburg. März 1989. Keyboards, Nr. 3

GORGES, Peter: M1-Editoren für Atari ST im Vergleich Steinberg, Geerdes, Soft Arts, Stanglmaier. Augsburg. Feb. 1989. Keyboards, Nr. 2

GORGES, Peter: Neue Klänge durch Software. 2. Bankloader- und Library-Programme. München. Juni 1988. Soundcheck, Nr. 6

GORGES, Peter: Roland W-30 Workstation. Juli 1989. Keyboards, Nr. 7

GORGES, Peter: Steinberg Avalon. Sample-Editor-Software für Atari ST. Augsburg. Sept. 1989. Keyboards, Nr. 9

GORGES, Peter: Tips und Tricks zum C-LAB Notator. Augsburg. April 1989. Keyboards, Nr. 4

GORGES, Peter: Waldorf Microwave. Augsburg. Nov. 1989. Keyboards, Nr. 11

GRUBER, Manfred. Alesis Micro-Serie. München. Feb. 1988. März 1988. Soundcheck, Nr. 3

GRUBER, Manfred: Behringer Studio Compressor. München. Aug. 88. Soundcheck, Nr. 8

GRUNWALD, Karl: Anatek Pocket Midi Geräte. München. Nov. 1989. Soundcheck, Nr. 11

GUTZER, Hannes/RÄTZ, Martin: Der musizierende Würfelknecht, musikalische Würfelspiele - eine Unterrichtseinheit zur informatischen Bildung, in: LOG IN 11, 1991 H. 5

HARTWICH-WIECHELL, Dörte: Didaktik und Methodik der Popmusik. Frankfurt a.M 1975

HARTWICH-WIECHELL, Dörte: Pop-Musik, Köln 1974

HELLWIG, Edgar: ESQ - Die Ensoniq Synthesizer. München 1989

HENLE, Hubert: Akai 12-Spur Digital-Recorder. München. Sep/Okt. 1989. Keys, Nr. 3

HENLE, Hubert: Der SMPTE-Timecode. München. Mai/Jun. 1989. Keys, Nr. 1

HENLE, Hubert: Ein Fest für die Platte. Vom Sampler zur digitalen Mehrspuraufnahme. München. Sep/Okt. 1989. Keys, Nr. 3

HENLE, Hubert: Gibt es ein Leben nach dem MIDI? München. Sep/Okt. 1989. Keys, Nr. 3

HENLE, Hubert: MIDI-Synchronizer. Probleme und Lösungen. München. Mai/Jun. 1989. Keys, Nr. 1

HENLE, Hubert: Mischpult-Automation mit MIDI? München. Sep/Okt. 1989. Keys, Nr. 3

HENLE, Hubert: Schweizer Bank für Millionen Bits und Bytes. Was ist eine Festplatte? München. Sep/Okt. 1989. Keys, Nr. 3

HENLE, Hubert: Synchronisation von Sequencern. München. Mai/Jun. 1989. Keys, Nr. 1

HENLE, Hubert: Synchronisation. München. Mai/Jun. 1989. Keys, Nr. 1

HOTO, Jack/AIKIN, Jim: Tips und Tricks zur Korg-Workstation M1. Augsburg. Feb. 1989. Keyboards, Nr. 2

HOUPERT, Jörg: Wie entstehen Klangfarben? Synthese-Verfahren und ihre Struktur. München. Nov/Dez. 1989. Keys, Nr. 4

HUBER, Raymund: Noten-Roulette. Composer-Software für den Atari ST im Vergleich: "M" und "LUDWIG". München. Mai/Jun. 1989. Keys, Nr. 1

JERRENTRUP, Ansgar: Die Angst des Musiklehrers vor Bomben und anderen Überraschungen beim Einsatz des Computers im Unterricht. 6/89. Musik u. Bildung

JUNG, Peter: Was ist ein "Sampler"? Augsburg. März 1989. Keyboards, Nr. 3

KAMINSKI, Peter: MIDI - UND WAS DANN? Augsburg. April 1989. Keyboards, Nr. 4

KEANE, David: Tape Music Composition. Oxford University Press. Oxford 1980

KLEINERMANNS, Ralf: Dr. T's KCS 1.7 Sequenzer-Software für Atari ST. Augsburg. Dez. 1989. Keyboards, Nr. 7

KLEMME, Wolfgang: Der musikalische Hauslehrer, Die Educations-Serie von C-LAB, in: Musik und Bildung, 1991, Heft 3

KNEIF, Tibor: Sachlexikon Rockmusik, Hamburg 1978

KNOLLE, Nils: Neue Musiktechnologien und Musikunterricht - Informationen und Materialien zum computergestützten Musikmachen, Oldenburger Vor-Drucke, Hrsg. Universität Oldenburg 1991

KNOLLE, Nils: Populäre Musik als Problem von Freizeit und Unterricht, Oldenburg 1979

NEUBECK, Walter: Computer im Musikunterricht, Regensburg 1990

LAMBERT, Mel: Die Traummaschinen. Digitale Workstations der Spitzenklasse. Augsburg. Juli 1989. Keyboards, Nr. 7

LENZ, Paul: TX16W Sampler. Augsburg. April 1989. Keyboards, Nr. 4

LIEVEN, Ewald: Yamaha MT1X. Grefrath. Mai/Jun. 1986. Musik Spezial, Nr. 5

LIPPMANN, Werner: Arbeitsverfahren und Übungstechniken von Rockbands der Berliner Szene und deren Auseitung für das Schulpraktische Musizieren. Wissenschaftliche Hausarbeit im Rahmen der ersten Staatsprüfung für das Amt des Lehrers mit zwei Fächern, Berlin 1983

LUGER, Kurt: Medien im Jugendalltag, Graz, Wien 1985

LUGERT, Wulf Dieter/SCHÜTZ, Volker: Oldershausen 1990. Die Grünen Hefte Heft 28

LUGERT, Wulf Dieter: Der Computer im Musikunterricht. 6/89 Nr. 25. Populär. Mus. im Unterricht

LUGERT, Wulf Dieter: Grundriß einer neuen Musikdidaktik, Stuttgart 1983

LUGERT, Wulf Dieter: Neue Technologien im Musikunterricht. H. 15/86. Populä. Mus. im Unterricht

LYNG, Robert: Wie funktioniert der Schallplattenvertrieb? München. Dez. 1987. Soundcheck, Nr. 12

MARX, Bert: Alesis MMt-8 Sequenzer. München. April 1988. Soundcheck

MARX, Bert: Marktübersicht Sampler. München. Juli/Aug. 1989. Keys, Nr. 2

MARX, Bert: MIDI-Setup-Design. Wie stelle ich mein MIDI-System zusammen. München. Sep/Okt. 1989. Keys, Nr. 3

MARX, Bert: Tascam MIDI-Studio 644. München. Nov. 1989. Soundcheck, Nr. 11.

MATSCHUK, Dirk: Yamaha C1/20. IBM-kompatibler Computer. Augsburg. Mai 1989. Keyboards, Nr. 5

MERCK, Alex: Anatek Pocket-serie (Thru, Transpose, Record). Augsburg. Dez. 1989. Keyb., Nr. 12

MERCK, Alex: C-LAB Notator. Sequenzer- und Notations-Software für Atari ST. Augsburg. Dez. 1988. Keyboards, Nr. 12

MERCK, Alex: Emulator III. Augsburg 1988. Keyboards, Nr. 3

MERCK, Alex: Marktübersicht Recording-Mischpulte. Augsburg 1990. Keys, Nr. 2

MERCK, Alex: MIDI-Peripherie-Geräte (Marktübersicht). Augsburg. Sept. 1988. Keyboards, Nr. 9

MERCK, Alex: Notation und Notendruck. Augsburg. Juli 1988. Keyboards, Nr. 7

MERCK, Alex: Quasimidi Midi-Merger. Augsburg. Mai 1989. Keyboards, Nr. 5

MERCK, Alex: Yamaha R-100 Multieffektgerät. Augsburg. Jan. 1989. Keyboards, Nr. 1

MERCK, Alex: Yamaha RX8 Drumcomputer. Augsburg. Juni 1989. Keyboards, Nr. 6

MICKLISCH, Christoph: Der MIDI-Standard in Musikunterricht und Musikausbildung. Kritische Anregungen zur Umsetzung des MIDI-Potentials in Schule und Hochschule auf der Basis einer exemplarischen Bestandsaufnahme in der BRD und den USA, Berlin 1991

MÖLLER, Kurt: Computerspiele - Kinderkram? In: Adolf-Grimme-Institut (Hrsg.): Was tun mit der Zeit? Bd. 2, Mediemfreizeit/Freizeitmedien. Marl 1984

MOOG, Bob: Resynthese Teil 3. Augsburg. Nov. 1988. Keyboards, Nr. 11

MUSCULUS, Heinz: Jamaha E M-Serie, Augsburg 1988, Keyboards Nr. 12

MUSIK UM UNS: 11. bis 13. Schuljahr, Stuttgart 1973

MUSIK UM UNS: 7. bis 10. Schuljahr, Stuttgart 1975

MUSIKANWENDUNG IN DER DATENTECHNIK (MIDI) e.V. Informationsbroschüre. 1000 Berlin 44. Postfach 440308

NIERMANN, Franz: Rockmusik und Unterricht, Stuttgart 1978

o. Angabe: Alarm in den Schulen: Die Computer kommen. Hamburg. Spiegel Nr. 47. 1984. Jahrg. 1984

o. Angabe: Marktübersicht Composer. München. Mai/Jun. 1989. Keys, Nr. 1

o. Angabe: Marktübersicht Hardware-Sequencer. München. Mai/Jun. 1989. Keys, Nr. 1

o. Angabe: Marktübersicht Software-Sequencer. München. Mai/Jun. 1989. Keys, Nr. 1

o. Angabe: Marktübersicht Synchronizer. München. Mai/Jun. 1989. Keys, Nr. 1

o. Angabe: Marktübersicht: E-Drums. München. Jan. 1988. Soundcheck, Nr. 1

o. Angabe: MIDI-Peripherie-Geräte. Marktübersicht. München. Sep/Okt. 1989. Keys, Nr. 3

o. Angabe: Synthesizer Programming. Keys 1/89

o. Angabe: Synthesizer Technique. Keys 1/89

o. Autorenangabe: Marktübersicht Editoren für Synthesizer. München. Nov/Dez. 1989. Keys, Nr. 4

o. Autorenangabe: Marktübersicht Samplereditoren. München. Juli/Aug. 1989. Keys, Nr. 2

o. Autorenangabe: Marktübersicht Synthesizer. München. Nov/Dez. 1989. Keys, Nr. 4

OKI, Mariko/MOORE, Gregory D: Der Synthesizer der Zukunft (Gipfeltreffen) Übersetzung: Wieland Samolak. München. Nov/Dez. 1989. Keys, Nr. 4

PAPERT, Seymour: Mindstorms. Kinder, Computer und Neues Lernen. Basel 1982

PERINCIOLI, Christina/RENTMEISTER, Cillie: Computer und Kreativität. Köln 1990

PILTZ, Albrecht: Yamaha SY 77 Synthesizer. Augsburg. Nov. 1989. Keyboards, Nr. 11

PÖHNL, Reinhold: MIDI für Einsteiger. Augsburg. Juli 1989. Keyboards, Nr. 7

RAUHE, Hermann: Schlager - Beat - Folklore im Unterricht, in: Didaktik der Musik, 1967

REBSCHER, Georg: Materialien zum Unterricht in Popularmusik, in: HELMS/LINKE/REBSCHER (Hrsg), Materialien zur Didaktik und Methodik des Musikunterrichts, Bd. 1, Wiesbaden 1973

RENTMEISTER, Cillie/PERINCIOLI, Christina: Computer und Kreativität. Köln 1990

RICHTER, Chr.: "Editorial" zum Themenheft 'Rockmusik', in: Musik und Bildung 7-8, 1981

ROLAND CORPORATION: MIDI Handbuch (Vierte Ausgabe). Japan. Dez. 1987

ROSKE, Michael: Die neuen Medien - Mutation des pädagogischen Umgangs mit Musik? 3/88. Musica

SAMOLAK, Wieland: Am Anfang war die Schnittstelle. München. Sept/Okt. 1989. Keys, Nr. 3

SAMOLAK, Wieland: Die musikalischen Probleme mit MIDI. München. Sept/Okt. 1989. Keys, Nr. 3

SAMOLAK, Wieland: Die Zitatmaschine oder Der neue Zugang zum Geräusch. Über die Ästhetik des Samplings. München. Juli/Aug. 1989. Keys, Nr. 2

SAMOLAK, Wieland: Komponist Rainer Zufall: Wie kreativ sind Maschinen? München. Mai/Jun. 1989. Keys, Nr. 1

SAMOLAK, Wieland: Warme Flächen. München. Nov/Dez. 1989. Keys, Nr. 4

SCHAEFER, Dr. Hans. J.: Die große Welt der MIDI-Daten. Keys 1/89

SCHÄFER, Hans. J.: Verständigungsprobleme? Die sinnvolle Arbeit mit MIDI-Implementation-Charts. München. Sep/Okt. 1989. Keys, Nr. 3

SCHÄFER,, Hans. J.: Avalon. München. Juli/Aug. 1989. Keys, Nr. 2

SCHÄTZL, Andreas: Anmerkungen zur Geschichte der Synthesizer. München. Nov/Dez. 1989. Keys, Nr. 4

SCHÄTZL, Andreas: Resynthese - die Zukunft des Klanges? München. Juli/Aug. 1989. Keys, Nr. 2

SCHÄTZL, Andreas: Roland D-50 LA-Synthesizer. München. Juni 1987. Soundcheck, Nr. 6

SCHÄTZL, Andreas: Technos Acxel Resynthesizer. München 1989. Keys, Nr. 2

SCHÄTZL, Andreas: Wer sind die privaten Sound-Anbieter? (Teil 1). München. Feb. 1987. Soundcheck, Nr. 2

SCHMITT, Rainer: Es herrscht trügerische Ruhe im Land. Gedanken zur Notwendigkeit einer Neuorientierung in der Musikdidaktik. Nr. 3. 1988. Neue Musikzeitung

SCHMITZ, Hans Günter: Alesis HR-16 Drumcomputer. München. März 1988. Keyboards, Nr. 3

SCHMITZ, Hans Günter: Casio DA-1 DAT-Recorder. Augsburg. Okt. 1988. Keyboards, Nr. 10

SCHMITZ, Hans Günter: Film- und Videovertonung. München. April 1988. Keyboards, Nr. 4

SCHMITZ, Hans Günter: Sampling-Praxis. Speicher. München. Feb. 88. Keyboards, Nr. 2

SCHMITZ, Hans Günter: Steinberg Cubase. Augsburg. Juni 1989. Keyboards, Nr. 6

SCHMITZ, Hans Günter: Steinberg Cubase. Software für Atari ST (Teil 2). Augsburg. Juli 1989. Keyboards, Nr. 7

SCHMITZ, Reinhard: Der MIDI-Sequenzer. Augsburg. Mai 1989. Keyboards, Nr. 5

SCHNELL, Rita: E-MU Proteus. Sample Player. Augsburg. Sept. 1989. Keyboards, Nr. 9

SCHÜTZ, Volker: ROCKMUSIK eine Herausforderung für Schüler und Lehrer. Oldenburg 1982

SENATOR FÜR SCHULWESEN, BERUFSAUSBILDUNG UND SPORT: Informationstechnischer Grundkurs in Berliner Schulen. Berlin 1987

SENATOR FÜR SCHULWESEN, JUGEND UND SPORT, (Hrsg.): Vorläufiger Rahmenplan für Unterricht und Erziehung in der Berliner Schule, Fach Musik. Berlin 1990

SENATSVERWALTUNG FÜR SCHULE, BERUFSAUSBILDUNG UND SPORT III B3 - LANDESBILDSTELLE BERLIN. (Hrsg.): Der Computer im Fachunterricht der Berliner Schule. Berlin 1988.

SENATSVERWALTUNG FÜR SCHULE: Berufsausbildung UND Fort- und Weiterbildung für Pädagoginnen und Pädagogen. Berlin 1990. Kurse 1830/1831/1832

STROH, Wolfgang Martin: Anregungen zum Musizieren im MIDI-Verbund (Teil 2). Das Programm "Parametric MIDI Delay", in. Populäre Musik im Unterricht, H. 19, 1988

STROH, Wolfgang Martin: MIDI-Experimente und Algorithmisches Komponieren, Bd. 2, Berlin 1990

TAYLOR, Frederick W.: Die Grundsätze wissenschaftlicher Betriebsführung, Weinheim 1977

TERHAG, Jürgen: Populäre Musik und Jugendkulturen. Über die Möglichkeiten und Grenzen der Musikpädagogik, Regensburg 1989

VOLLPRECHT, Siegfried: Computergestützte Playbacks. Praktische Verwendung der MIDI-Technologien im Musikunterricht und in Arbeitsgemeinschaften, in LOG IN 11, H. 5, 1991

VOLPERT, Walter: Zauberlehrlinge. Die gefährliche Liebe zum Computer. München 1985

VON HENTIG, Helmut: Das allmähliche Verschwinden der Wirklichkeit. Ein Pädagoge ermutigt zum Nachdenken über die neuen Medien. München 1984

WAHNSINN, Harald: Hard- und Softwaresequenzer. (Marktübersicht). Augsburg. Mai 1989. Keyboards, Nr. 5

WASJAK, Brigitte/KNAF, Stefan: Microcomputer und Musik lernen - Ein Anachronismus?, in.Musik und Bildung, Nr. 10, 1986

WEBER, Jo.: Synchronisation für Einsteiger. Vom Click zu SMPTE. München. Okt. 1989. Fachblatt Musik, Nr. 10

WEBER, Jo.: Vergleichstest. Recording. Komfortable Synchronisation für Jedermann. München. Okt. 1989. Fachblatt Musik, Nr. 10

WEISS, Wolfgang: Musik ist mehr als Musik, in. Jugend - Jugendprobleme - Jugendprotest, Hrsg.. Landeszentrale für politische Bildung, Baden-Württemberg, Stuttgart 1982

WEIZENBAUM, Joseph: Die Macht der Computer und die Ohnmacht der Vernunft. Frankfurt/M 1977.

WEYERS, Udo: Kawai K-1. München. Juli 1988. Fachblatt Musik, Nr. 7

WIESCHIOLEK, Thomas: MIDI-Nachrüstungen und ihre Probleme. München. Feb. 1986. Keyboards, Nr. 2

ZIERENBERG, Günter: Mikrophone. Ibbenbüren 1988

ZILLIGEN, Gerhard: Notendruck-Software im Vergleich. Augsburg. Juli 1988. Keyboards, Nr. 7

ZILLIGEN, Gerhard: Steinberg Twenty Four Track Software (2). München. Okt. 1986. Keyboards, Nr. 10

Nachschlagewerke und einführende Literatur

AICHER, Richard: Das MIDI Praxisbuch, München 1988, 3. Auflage

ANDERTON, Craig: Home-Recording for Musicians, Amsco Publications, London 1986

ANDERTON, Craig: The Digital Delay Handbook, New York 1985

BECKER, Matthias: Recording für Musiker, Köln 1988

BOCK, Wolfgang: Synthesizer. Aufbau, Funktion, Anwendung, Hamburg 1981

BORWICK, John (Hrsg.): Sound Recording Practice, University Press, Oxford 1987

BRÜDERLIN, Rene: Akustik für Musiker, Regensburg 1986

DELLMANN, Gerald/THEWES, Martin: Synthesizer-Handbuch. Augsburg 1985

DICKREITER, Michael: Handbuch der Tonstudiotechnik. München 1987

EIMERT, Herbert/HUMPERT, Hans Ullr.: Das Lexikon der elektronischen Musik. Regensburg 1988

ENDERS, Bernd/KLEMME, Wolfgang: Das MIDI- und Soundbuch zum Atari ST. München 1988

ENDERS, Bernd: Lexikon Musik-Elektronik. München 1988

GODIJIN, Hans: Elektronik in der Popmusik. München 1980

GORGES, Peter/MERCK, Alex: Keyboards, MIDI, Homerecording. München 1989.

HÖRMANN, Karl/KAISER, Manfred: Effekte in der Rock- und Popmusik. Regensburg 1982

JECKLIN, Jürg: Musikaufnahmen. München 1980

KEUSGEN, Klaus Dieter/BURSCH, Peter: Home Recording. Bonn 1988

MILLER, Fred: Studio Recording for Musicians. New York 1981

PLOCH, Klaus: Sampling. München. Signum Medien Verlag GmbH

RÖLLIN, Wolfgang/EGLI, Bernardo: Das große Synthi-Buch. Bonn - Bad Godesberg 1984

RÖLLIN, Wolfgang/EGLI, Bernardo: Synthi Midi Sampling. Bonn 1988.

TURKEL, Eric: MIDI Gadgets. London/New York/Sidney 1988

WORAM, John: The Recording Studio Handbook. New York 1981

Zeitschriften

FACHBLATT MUSIKMAGAZIN: SZV Spezial-Zeitschriftengesellschaft mbH & Co, Verlag KG, München

KEYBOARDS: Homerecording & Computer. Zeitschrift für Trsteninstrumente und Heimstudio. MM-Musik-Media-Verlag GmbH, Augsburg

KEYS: Magazin für Keyboard, Computer & Recording, PPV Presse Projekt Verlags GmbH, München

MUSIK PRODUKTION'S SOLO:MP-Solo, Ibbenbüren

SOUNDCHECK: PPV Presse Projekt Verlags GmbH, München

HIER KOMMT KURT

Text: H. Bruhn

Intro:

Ihr kennt Elvis, ihr kennt Prince, ihr kennt Helmut Kohl, ihr kennt Heino. Stop! Aber es gibt einen, den kennt ihr noch nicht. Seid ihr heiß drauf (Chor). Yeah! (Kurt). Hier kommt ...

Strophe 1:

Kurt ... Hier kommt Kurt. Seit der Geburt heiß' ich Kurt. Hier kommt Kurt. Mister knackig, hart wie Stahl. K ... wie kernig und Kanone, absolut und optimal. Jede kennt mich, jede will mich, ob aus Liebe oder Zorn. Wenn sie sehn was Kurt für'n Kerl ist, wolln sie Kurt sofort von vorn.

(Chor). Alle ...

Refrain:

... rufen, alle grooven, alle shooten um mich rum. Alle jodeln, alle singen und nur ich allein bleib stumm.

(Kurt). Warum? Es gibt nur eine Antwort Freunde. Hier kommt ...

Strophe 2:

Kurt ... Hier kommt Kurt, ohne Helm und Gurt, einfach Kurt, der nicht quengelt und nicht murrt. Ich bin Kurt der Coole. Das Generve macht mich krank. Während andere wursteln, geh ich locker oben lang. Ich bin Kurt, der Brüller, absoluter Megaknall. Batman ist 'n Pausenfüller - gegen mich nur lull und lall.

Bin der Schickeria-King, jeder kennt mich ganz genau. Nachts da such ich meine Sonne und zu Hause meine Frau. Und kräht der erste Gockel werde ich die Nacht verdaun. Ich pack mich ins Solarium und schlaf mich dunkelbraun. (Chor). Alle ...

Refrain:

... hetzen, alle fetzen, alle boppen um mich rum. Alle jumpen, alle reggaen, und nur ich allein sitz rum. (Kurt). Warum? Das sag ich euch später, erst mal 'n Solo.

Paul ... (Gitarrensolo) ... irre! Hier kommt ...

Strophe 3:

Kurt, ohne Helm und ohne Gurt, einfach Kurt.

(andere Stimme). der vorne bellt und hinten knurrt.

(Kurt). Wer war das? Geh aus meinem Leben. Wo ich auftauch' geht man unter. Wo ich rein komm' geht man raus. Wo ich Platz nehm', wird 'n Platz frei. Was ich anpack', pack' ich aus. (Chor). Alle ...

Refrain:

(Kurt). Warum? Ich hab's einfach nicht nötig, Freunde.

(Chor). Hier kommt Kurt ...

Strophe 4:

... Kurt. (Kurt). Das wollt' ich hörn. Hier kommt Kurt, ohne Helm und ohne Gurt. Und wo Kurt ist, tobt das Leben. Kurt ist, wo alle sind. Bei Kurt gibts keine Flauten, Kurt hat immer Rückenwind. Kurt ist leise aber wichtig, immer hier und überall. Kurt kennt alle, doch nicht richtig, doch das ist dem Kurt egal. Schluß jetzt! Kurt will tanzen. ... Yeah ... bänge,)länge, däng, däng ...

Übrigens, eins hab ich noch vergessen. Achtung!

Bei Kurt da knalln die Korken. Bei Kurt da brennt die Luft. Und wenn einer in die Kiste steigt, dann ruft die ganze Gruft

(Chor). Kurt! (Kurt). Ja, hier bin ich, ha ha. (Chor). Wir wolln Kurt! (Kurt). Natürlich kommt euer Kurtchen zu euch. (Chor). Kurt! (Kurt). Ja, und noch mal Freunde. Achtung! (Chor). Wir wolln Kurt! (Kurt). Den wollt ihr, den bekommt ihr, ha ha. (Chor). Kurt! Wir wolln ...

Copyright by Zett Musikverlag Marcus Zander, Berlin.

HIER KOMMT KURT Pattern 1 (Strophe)

Pattern 2 (Refrain)

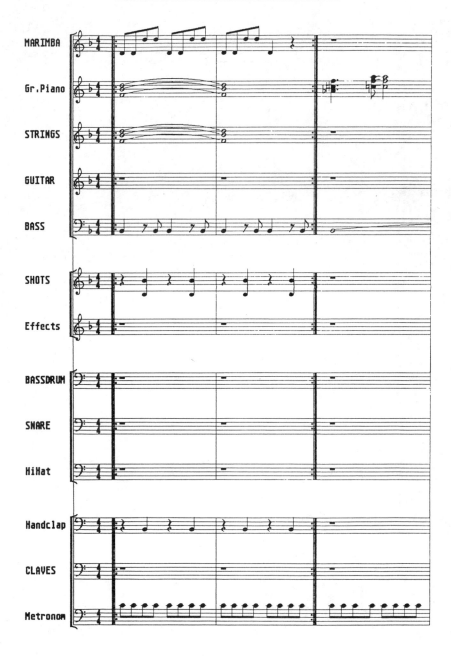

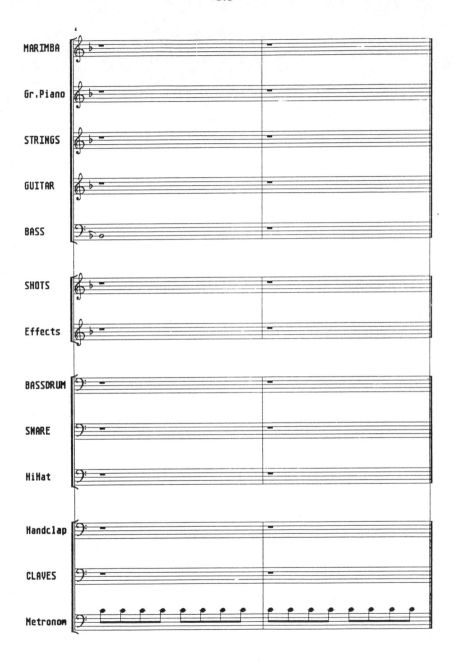

Track - Listing

```
TRACK:1    Channel:1

Start           End             Name      Delay   Trnsp.   Status
1   /1  /0     13  /1  /0     MARIMBA    0       +0       ON
13  /1  /0     15  /1  /0     MARIMBA    0       +0       ON
15  /1  /0     17  /1  /0     MARIMBA    0       +0       ON
17  /1  /0     20  /1  /0     MARIMBA    0       +0       ON
20  /1  /0     32  /1  /0     MARIMBA    0       +0       ON
32  /1  /0     44  /1  /0     MARIMBA    0       +0       ON
44  /1  /0     46  /1  /0     MARIMBA    0       +0       ON
46  /1  /0     48  /1  /0     MARIMBA    0       +0       ON
48  /1  /0     51  /1  /0     MARIMBA    0       +0       ON
51  /1  /0     63  /1  /0     MARIMBA    0       +0       ON
63  /1  /0     75  /1  /0     MARIMBA    0       +0       ON
75  /1  /0     82  /1  /0     MARIMBA    0       +0       ON
82  /1  /0     94  /1  /0     MARIMBA    0       +0       ON
94  /1  /0     96  /1  /0     MARIMBA    0       +0       ON
96  /1  /0     108/1  /0     MARIMBA    0       +0       ON
108/1  /0     120/1  /0     MARIMBA    0       +0       ON
=====================================
TRACK:2    Channel:2

Start           End             Name      Delay   Trnsp.   Status
1   /1  /0     13  /1  /0     SHOTS      0       +0       ON
13  /1  /0     15  /1  /0     SHOTS      0       +0       ON
15  /1  /0     17  /1  /0     SHOTS      0       +0       ON
17  /1  /0     20  /1  /0     SHOTS      0       +0       ON
20  /1  /0     32  /1  /0     SHOTS      0       +0       ON
32  /1  /0     44  /1  /0     SHOTS      0       +0       ON
44  /1  /0     46  /1  /0     SHOTS      0       +0       ON
46  /1  /0     48  /1  /0     SHOTS      0       +0       ON
48  /1  /0     51  /1  /0     SHOTS      0       +0       ON
51  /1  /0     63  /1  /0     SHOTS      0       +0       ON
63  /1  /0     75  /1  /0     SHOTS      0       +0       ON
75  /1  /0     82  /1  /0     SHOTS      0       +0       ON
82  /1  /0     94  /1  /0     SHOTS      0       +0       ON
94  /1  /0     96  /1  /0     SHOTS      0       +0       ON
96  /1  /0     108/1  /0     SHOTS      0       +0       ON
108/1  /0     120/1  /0     SHOTS      0       +0       ON
=====================================
TRACK:3    Channel:3

Start           End             Name      Delay   Trnsp.   Status
1   /1  /0     13  /1  /0     Gr.Piano  0       +0       ON
13  /1  /0     15  /1  /0     Gr.Piano  0       +0       ON
15  /1  /0     17  /1  /0     Gr.Piano  0       +0       ON
17  /1  /0     20  /1  /0     Gr.Piano  0       +0       ON
20  /1  /0     32  /1  /0     Gr.Piano  0       +0       ON
32  /1  /0     44  /1  /0     Gr.Piano  0       +0       ON
44  /1  /0     46  /1  /0     Gr.Piano  0       +0       ON
46  /1  /0     48  /1  /0     Gr.Piano  0       +0       ON
48  /1  /0     51  /1  /0     Gr.Piano  0       +0       ON
51  /1  /0     63  /1  /0     Gr.Piano  0       +0       ON
63  /1  /0     75  /1  /0     Gr.Piano  0       +0       ON
75  /1  /0     82  /1  /0     Gr.Piano  0       +0       ON
82  /1  /0     94  /1  /0     Gr.Piano  0       +0       ON
94  /1  /0     96  /1  /0     Gr.Piano  0       +0       ON
96  /1  /0     108/1  /0     Gr.Piano  0'      +0       ON
108/1  /0     120/1  /0     Gr.Piano  0       +0       ON
=====================================
TRACK:4    Channel:4

Start           End             Name      Delay   Trnsp.   Status
```

```
   1  /1 /0        13 /1 /0    STRINGS   0    +0     ON
  13  /1 /0        15 /1 /0    STRINGS   0    +0     ON
  15  /1 /0        17 /1 /0    STRINGS   0    +0     ON
  17  /1 /0        20 /1 /0    STRINGS   0    +0     ON
  20  /1 /0        32 /1 /0    STRINGS   0    +0     ON
  32  /1 /0        44 /1 /0    STRINGS   0    +0     ON
  44  /1 /0        46 /1 /0    STRINGS   0    +0     ON
  46  /1 /0        48 /1 /0    STRINGS   0    +0     ON
  48  /1 /0        51 /1 /0    STRINGS   0    +0     ON
  51  /1 /0        63 /1 /0    STRINGS   0    +0     ON
  63  /1 /0        75 /1 /0    STRINGS   0    +0     ON
  75  /1 /0        82 /1 /0    STRINGS   0    +0     ON
  82  /1 /0        94 /1 /0    STRINGS   0    +0     ON
  94  /1 /0        96 /1 /0    STRINGS   0    +0     ON
  96  /1 /0       108/1 /0     STRINGS   0    +0     ON
 108/1 /0         120/1 /0     STRINGS   0    +0     ON
==================================
TRACK:5   Channel:5

  Start           End         Name    Delay  Trnsp.  Status
   1  /1 /0        13 /1 /0    BASS      0    +0     ON
  13  /1 /0        15 /1 /0    BASS      0    +0     ON
  15  /1 /0        17 /1 /0    BASS      0    +0     ON
  17  /1 /0        20 /1 /0    BASS      0    +0     ON
  20  /1 /0        32 /1 /0    BASS      0    +0     ON
  32  /1 /0        44 /1 /0    BASS      0    +0     ON
  44  /1 /0        46 /1 /0    BASS      0    +0     ON
  46  /1 /0        48 /1 /0    BASS      0    +0     ON
  48  /1 /0        51 /1 /0    BASS      0    +0     ON
  51  /1 /0        63 /1 /0    BASS      0    +0     ON
  63  /1 /0        75 /1 /0    BASS      0    +0     ON
  75  /1 /0        82 /1 /0    BASS      0    +0     ON
  82  /1 /0        94 /1 /0    BASS      0    +0     ON
  94  /1 /0        96 /1 /0    BASS      0    +0     ON
  96  /1 /0       108/1 /0     BASS      0    +0     ON
 108/1 /0         120/1 /0     BASS      0    +0     ON
==================================
TRACK:6   Channel:6

  Start           End         Name    Delay  Trnsp.  Status
   1  /1 /0        13 /1 /0    GUITAR    0    +0     ON
  13  /1 /0        15 /1 /0    GUITAR    0    +0     ON
  15  /1 /0        17 /1 /0    GUITAR    0    +0     ON
  17  /1 /0        20 /1 /0    GUITAR    0    +0     ON
  20  /1 /0        32 /1 /0    GUITAR    0    +0     ON
  32  /1 /0        44 /1 /0    GUITAR    0    +0     ON
  44  /1 /0        46 /1 /0    GUITAR    0    +0     ON
  46  /1 /0        48 /1 /0    GUITAR    0    +0     ON
  48  /1 /0        51 /1 /0    GUITAR    0    +0     ON
  51  /1 /0        63 /1 /0    GUITAR    0    +0     ON
  63  /1 /0        75 /1 /0    GUITAR    0    +0     ON
  75  /1 /0        82 /1 /0    GUITAR    0    +0     ON
  82  /1 /0        94 /1 /0    GUITAR    0    +0     ON
  94  /1 /0        96 /1 /0    GUITAR    0    +0     ON
  96  /1 /0       108/1 /0     GUITAR    0    +0     ON
 108/1 /0         120/1 /0     GUITAR    0    +0     ON
==================================
TRACK:7   Channel:7

  Start           End         Name    Delay  Trnsp.  Status
   1  /1 /0        13 /1 /0    Effects   0    +0     ON
```

```
  13 /1 /0    15 /1 /0    Effects   0    +0    ON
  15 /1 /0    17 /1 /0    Effects   0    +0    ON
  17 /1 /0    20 /1 /0    Effects   0    +0    ON
  20 /1 /0    32 /1 /0    Effects   0    +0    ON
  32 /1 /0    44 /1 /0    Effects   0    +0    ON
  44 /1 /0    46 /1 /0    Effects   0    +0    ON
  46 /1 /0    48 /1 /0    Effects   0    +0    ON
  48 /1 /0    51 /1 /0    Effects   0    +0    ON
  51 /1 /0    63 /1 /0    Effects   0    +0    ON
  63 /1 /0    75 /1 /0    Effects   0    +0    ON
  75 /1 /0    82 /1 /0    Effects   0    +0    ON
  82 /1 /0    94 /1 /0    Effects   0    +0    ON
  94 /1 /0    96 /1 /0    Effects   0    +0    ON
  96 /1 /0   108/1 /0    Effects   0    +0    ON
 108/1 /0   120/1 /0    Effects   0    +0    ON
==================================
TRACK:8   Channel:10

  Start        End         Name     Delay  Trnsp. Status
 1  /1 /0    13 /1 /0    BASSDRUM 0    +0    ON
  13 /1 /0    15 /1 /0    BASSDRUM 0    +0    ON
  15 /1 /0    17 /1 /0    BASSDRUM 0    +0    ON
  17 /1 /0    20 /1 /0    BASSDRUM 0    +0    ON
  20 /1 /0    32 /1 /0    BASSDRUM 0    +0    ON
  32 /1 /0    44 /1 /0    BASSDRUM 0    +0    ON
  44 /1 /0    46 /1 /0    BASSDRUM 0    +0    ON
  46 /1 /0    48 /1 /0    BASSDRUM 0    +0    ON
  48 /1 /0    51 /1 /0    BASSDRUM 0    +0    ON
  51 /1 /0    63 /1 /0    BASSDRUM 0    +0    ON
  63 /1 /0    75 /1 /0    BASSDRUM 0    +0    ON
  75 /1 /0    82 /1 /0    BASSDRUM 0    +0    ON
  82 /1 /0    94 /1 /0    BASSDRUM 0    +0    ON
  94 /1 /0    96 /1 /0    BASSDRUM 0    +0    ON
  96 /1 /0   108/1 /0    BASSDRUM 0    +0    ON
 108/1 /0   120/1 /0    BASSDRUM 0    +0    ON
==================================
TRACK:9   Channel:10

  Start        End         Name     Delay  Trnsp. Status
 1  /1 /0    13 /1 /0    SNARE    0    +0    ON
  13 /1 /0    15 /1 /0    SNARE    0    +0    ON
  15 /1 /0    17 /1 /0    SNARE    0    +0    ON
  17 /1 /0    20 /1 /0    SNARE    0    +0    ON
  20 /1 /0    32 /1 /0    SNARE    0    +0    ON
  32 /1 /0    44 /1 /0    SNARE    0    +0    ON
  44 /1 /0    46 /1 /0    SNARE    0    +0    ON
  46 /1 /0    48 /1 /0    SNARE    0    +0    ON
  48 /1 /0    51 /1 /0    SNARE    0    +0    ON
  51 /1 /0    63 /1 /0    SNARE    0    +0    ON
  63 /1 /0    75 /1 /0    SNARE    0    +0    ON
  75 /1 /0    82 /1 /0    SNARE    0    +0    ON
  82 /1 /0    94 /1 /0    SNARE    0    +0    ON
  94 /1 /0    96 /1 /0    SNARE    0    +0    ON
  96 /1 /0   108/1 /0    SNARE    0    +0    ON
 108/1 /0   120/1 /0    SNARE    0    +0    ON
==================================
TRACK:10  Channel:10

  Start        End         Name     Delay  Trnsp. Status
 1  /1 /0    13 /1 /0    HiHat    0    +0    ON
  13 /1 /0    15 /1 /0    HiHat    0    +0    ON
```

```
   Start           End          Name      Delay   Trnsp.   Status
15  /1  /0     17  /1  /0      HiHat       0       +0       ON
17  /1  /0     20  /1  /0      HiHat       0       +0       ON
20  /1  /0     32  /1  /0      HiHat       0       +0       ON
32  /1  /0     44  /1  /0      HiHat       0       +0       ON
44  /1  /0     46  /1  /0      HiHat       0       +0       ON
46  /1  /0     48  /1  /0      HiHat       0       +0       ON
48  /1  /0     51  /1  /0      HiHat       0       +0       ON
51  /1  /0     63  /1  /0      HiHat       0       +0       ON
63  /1  /0     75  /1  /0      HiHat       0       +0       ON
75  /1  /0     82  /1  /0      HiHat       0       +0       ON
82  /1  /0     94  /1  /0      HiHat       0       +0       ON
94  /1  /0     96  /1  /0      HiHat       0       +0       ON
96  /1  /0     108/1  /0       HiHat       0       +0       ON
108/1  /0      120/1  /0       HiHat       0       +0       ON
==================================
TRACK:11    Channel:10

   Start           End          Name      Delay   Trnsp.   Status
1   /1  /0     13  /1  /0      Handclap    0       +0       ON
13  /1  /0     15  /1  /0      Handclap    0       +0       ON
15  /1  /0     17  /1  /0      Handclap    0       +0       ON
17  /1  /0     20  /1  /0      Handclap    0       +0       ON
20  /1  /0     32  /1  /0      Handclap    0       +0       ON
32  /1  /0     44  /1  /0      Handclap    0       +0       ON
44  /1  /0     46  /1  /0      Handclap    0       +0       ON
46  /1  /0     48  /1  /0      Handclap    0       +0       ON
48  /1  /0     51  /1  /0      Handclap    0       +0       ON
51  /1  /0     63  /1  /0      Handclap    0       +0       ON
63  /1  /0     75  /1  /0      Handclap    0       +0       ON
75  /1  /0     82  /1  /0      Handclap    0       +0       ON
82  /1  /0     94  /1  /0      Handclap    0       +0       ON
94  /1  /0     96  /1  /0      Handclap    0       +0       ON
96  /1  /0     108/1  /0       Handclap    0       +0       ON
108/1  /0      120/1  /0       Handclap    0       +0       ON
==================================
TRACK:12    Channel:10

   Start           End          Name      Delay   Trnsp.   Status
1   /1  /0     13  /1  /0      CLAVES      0       +0       ON
13  /1  /0     15  /1  /0      CLAVES      0       +0       ON
15  /1  /0     17  /1  /0      CLAVES      0       +0       ON
17  /1  /0     20  /1  /0      CLAVES      0       +0       ON
20  /1  /0     32  /1  /0      CLAVES      0       +0       ON
32  /1  /0     44  /1  /0      CLAVES      0       +0       ON
44  /1  /0     46  /1  /0      CLAVES      0       +0       ON
46  /1  /0     48  /1  /0      CLAVES      0       +0       ON
48  /1  /0     51  /1  /0      CLAVES      0       +0       ON
51  /1  /0     63  /1  /0      CLAVES      0       +0       ON
63  /1  /0     75  /1  /0      CLAVES      0       +0       ON
75  /1  /0     82  /1  /0      CLAVES      0       +0       ON
82  /1  /0     94  /1  /0      CLAVES      0       +0       ON
94  /1  /0     96  /1  /0      CLAVES      0       +0       ON
96  /1  /0     108/1  /0       CLAVES      0       +0       ON
108/1  /0      120/1  /0       CLAVES      0       +0       ON
==================================
TRACK:13    Channel:10

   Start           End          Name      Delay   Trnsp.   Status
1   /1  /0     13  /1  /0      Metronom    0       +0       ON
13  /1  /0     15  /1  /0      Metronom    0       +0       ON
15  /1  /0     17  /1  /0      Metronom    0       +0       ON
```

```
              17 /1 /0     20 /1 /0     Metronom 0    +0      ON
              20 /1 /0     32 /1 /0     Metronom 0    +0      ON
              32 /1 /0     44 /1 /0     Metronom 0    +0      ON
              44 /1 /0     46 /1 /0     Metronom 0    +0      ON
              46 /1 /0     48 /1 /0     Metronom 0    +0      ON
              48 /1 /0     51 /1 /0     Metronom 0    +0      ON
              51 /1 /0     63 /1 /0     Metronom 0    +0      ON
              63 /1 /0     75 /1 /0     Metronom 0    +0      ON
              75 /1 /0     82 /1 /0     Metronom 0    +0      ON
              82 /1 /0     94 /1 /0     Metronom 0    +0      ON
              94 /1 /0     96 /1 /0     Metronom 0    +0      ON
              96 /1 /0     108/1 /0     Metronom 0    +0      ON
              108/1 /0     120/1 /0     Metronom 0    +0      ON
              =================================
              TRACK:14   Channel:14

              no entries
              =================================
              TRACK:15   Channel:15

              no entries
              =================================
              TRACK:16   Channel:16

              no entries
              =================================
              TRACK:17   Channel:15

              no entries
              =================================
              TRACK:18   Channel:9

              no entries
              =================================
              TRACK:19   Channel:9

              no entries
              =================================
              TRACK:20   Channel:9

              no entries
              =================================
              TRACK:21   Channel:9

              no entries
              =================================
              TRACK:22   Channel:9

              no entries
              =================================
              TRACK:23   Channel:9

              no entries
              =================================
              TRACK:24   Channel:as recorded

              no entries
              =================================
```

Zusammenfassung

Die vorgelegte Arbeit erforscht die Möglichkeiten und Grenzen des musikpädagogischen Einsatzes von Homerecordingequipment.

Dafür wurden die einzelnen Bausteine des Equipments auf ihre Brauchbarkeit untersucht.

Besonderes Augenmerk galt ihrer
- Funktion
- Handhabbarkeit
- Übersichtlichkeit
- Aufwendigkeit
- Wirtschaftlichkeit.

Zu diesem Zweck wurde der Einsatz in der Musikerpraxis erforscht, da sich im kreativen Prozeß die Möglichkeiten und Grenzen besonders scharf hervorheben.

Auf diesen Ergebnissen aufbauend wurde das Equipment im schulischen Bereich erprobt, um ihre Eignung bezüglich der Erreichung musikpädagogischer Lernziele zu erforschen.

Diese Ergebnisse wurden anschließend in den Zusammenhang der aktuellen Diskussion gebracht, um einen musikdidaktischen Stellenwert zu definieren.

Mit einem umfangreichen Glossar versehen, kann die Arbeit zudem allen Musikpädagogen als brauchbare Orientierungshilfe für den Bereich der "Neuen Technologie" dienen.